DROIT ROMAIN

DE LA

CRÉANCE DES LÉGATAIRES

ET DE SES GARANTIES

INTRODUCTION.

Le père de famille eut de tout temps à Rome la faculté de restreindre, au profit de certaines personnes et dans une mesure plus ou moins large, le bénéfice héréditaire de l'institué. Les dispositions qu'il édictait à cet effet dans son testament, connues sous le nom de legs, étaient assujetties à des formes rigoureuses, en l'absence desquelles pendant longtemps le droit romain ne sanctionna pas la volonté du testateur. On conçoit que la libéralité dont le père de famille voulait gratifier telle ou telle personne pouvait affecter une double forme. Elle pouvait d'abord con-

Febvre.   1

A MES PARENTS

A MES AMIS

DE LA CRÉANCE DES LÉGATAIRES
ET DE SES GARANTIES
EN DROIT ROMAIN

DE LA FORME DES ACTES
EN DROIT CIVIL INTERNATIONAL

THÈSE POUR LE DOCTORAT

Présentée et soutenue le jeudi 7 mai 1885, à midi,

PAR

Joseph FEBVRE.

Président :	M. LABBÉ,	Professeur.
Suffragants :	MM. GLASSON,	Professeurs.
	RENAULT,	
	LAINÉ,	Agrégé.

PARIS

A. PARENT, IMPRIMEUR DE LA FACULTÉ DE MÉDECINE

A. DAVY, successeur

52, RUE MADAME ET RUE MONSIEUR-LE-PRINCE, 14

1885

sister dans l'attribution d'un droit réel, d'un droit de propriété, par exemple. Quand le testateur était titulaire d'un
droit de cette nature, et qu'il en voulait conférer le bénéfice à quelqu'un, il n'avait qu'à formuler, dans les termes
requis, sa volonté sur ce point. Il avait le choix entre les
formules suivantes : Lucio Titio Stichum do lego; Lucius
Titius Stichum sibi habeto, capito, sumito (Gaius, II, 193).
La disposition ainsi conçue portait le nom de legs per vindicationem. Elle avait pour effet de faire passer directement la propriété de la chose léguée du patrimoine du testateur dans le patrimoine du légataire, et partant d'inves-
tir ce dernier, soit contre l'héritier, soit contre tout autre
détenteur, de l'action en revendication (Gaius, II, 134). Ce
procédé, certes, est des plus simples, et réalise de la manière la plus efficace le but du testateur; seulement, il n'est
pas toujours à la portée de celui-ci. C'est un mode de libéralité restreint dans des limites assez étroites. A raison
même, en effet, du résultat juridique qu'il doit produire,
le legs per vindicationem ne peut jamais valoir qu'autant que le testateur est mort ayant la propriété qui-
ritaire de la chose léguée. Encore cela ne suffit-il que
lorsque le legs se réfère à des choses fongibles, à des choses
quæ numero, pondere mensurave constant, une somme
d'argent, du vin, du blé, par exemple. Mais, s'il porte sur
un corps certain, on exige en outre que le disposant ait
été propriétaire dès l'époque de la confection du testament (Gaius, II, 196). Dès lors, le legs per vindicationem
ne peut avoir pour objet ni la chose d'autrui, res aliena,
ni même un fonds provincial, ni même la chose dont le testateur n'a que la propriété bonitaire, non plus qu'une
créance, ou qu'un droit réel reconnu seulement par le droit
prétorien.

Pour réaliser ses intentions libérales, le père de fa-

mille avait à sa disposition un autre procédé d'une efficacité moins directe sans doute, mais d'un emploi beaucoup
plus large. Il pouvait en effet charger, ou, pour emprunter l'énergique expression romaine, condamner son héritier à faire à la personne qu'il entendait favoriser une
prestation quelconque ayant une valeur patrimoniale.
« Heres meus damnas esto dare, facere ; heres meus dato,
facito ; heredem meum dare, facere jubeo », telles sont, au
témoignage de Gaius et d'Ulpien, les formules qui constituent le legs per damnationem (Gaius, II, 201 ; — Ulp.,
XXIV, 4). Pareille disposition ne fait directement passer
aucun droit du défunt sur la tête du légataire, mais elle
donne à celui-ci le droit d'exiger de l'héritier la prestation qui fait l'objet de la libéralité ; c'est, en d'autres termes, une créance contre l'héritier que le testateur confère
au légataire. De la nature du legs per damnationem, il ressort nettement qu'il peut porter sur toutes les choses susceptibles de faire l'objet d'une obligation. C'est ainsi qu'il
peut avoir pour objet soit une chose future, soit la chose
d'autrui, soit même un simple fait. « Quo genere legati,
dit Gaius, etiam aliena res legari potest, ita ut heres re-
dimere et præstare, aut æstimationem ejus dare debeat.
Ea quoque res, quæ in rerum natura non est, si modo fu-
tura est, per damnationem legari potest, velut fructus, qui
in illo fundo nati erunt, aut quod ex illa ancilla natum erit
(Gaius, II, 202-204 ; — Ulp., XXIV, 8).

Il y avait encore deux autres catégories de legs : le legs
per præceptionem et le legs sinendi modo qui, tout en
présentant chacun leur nature propre et leurs effets spéciaux, dérivant des termes de leur formule respective, se
rapprochaient, le premier du legs per vindicationem,
le second, du legs per damnationem (Gaius, II, 209-214,
216-223 ; — Ulp., XXIV, 5-6).

Cette division des legs en quatre classes n'avait point, quoi qu'on ait pu prétendre, une base artificielle. Elle reposait sur cette présomption bien acceptable, que le testateur choisit ses expressions en pleine connaissance de cause. Seulement, et c'est ici qu'intervient le formalisme, le droit primitif avait le tort de pousser jusqu'à l'abus les conséquences du système et d'interpréter trop à la lettre les différentes formules. Le père de famille qui désirait faire une libéralité devait donc, avant tout, se rendre un compte exact du résultat juridique qu'il visait ; puis il devait avoir soin, à peine de nullité de la disposition, d'approprier minutieusement la forme du legs à la nature du droit qu'il pouvait et voulait conférer. L'interprétation trop stricte de la formule aboutissait à méconnaître, dans bien des cas, la volonté d'un testateur à qui les principes juridiques n'étaient pas très familiers. Aussi, finit-on par se préoccuper des inconvénients qu'entraînait un tel formalisme, et un sénatus-consulte, rendu sur la proposition de l'empereur Néron, vint en atténuer, dans une sensible mesure, l'excessive rigueur. Il maintint, en effet, à titre de legs per damnationem, tous les legs que la seule impropriété de la formule avait jusqu'alors condamnés à la nullité (Ulpien, XXIV, 11ª ; — Gaius, II, 197). C'est du moins dans ce sens large que la disposition du sénatus-consulte Néronien, plus restreinte peut-être dans les termes, fut entendue par la jurisprudence. Sous l'influence sans doute des mêmes idées, la jurisprudence reconnut au legs sinendi modo l'effet d'engendrer une véritable obligation à la charge de l'héritier, bien que prise à la lettre, la formule de ce legs n'imposât à celui-ci qu'un rôle purement passif (Gaius, II, 213-214).

Plus tard enfin, en l'année 339, une constitution des fils de Constantin, sans abroger l'ancienne classification des legs, affranchit les testaments de l'observation des formules solennelles. Il fallut dès lors, pour déterminer dans chaque espèce la nature et les effets d'un legs, rechercher l'intention du testateur, sans se préoccuper outre mesure des paroles employées (L. 21, C. de legat., VI, 37). Désormais la vieille division des legs avait perdu toute raison d'être; elle subsista néanmoins jusqu'à Justinien.

Nous n'avons pas la prétention d'exposer ici la théorie complète des legs en droit romain; nous nous proposons un but plus modeste. De la créance des légataires et de ses garanties, telle est la question que nous voulons étudier. Seulement, et c'est une observation qu'il importe essentiellement de placer dès le début, à nous borner aux notions que nous venons de rappeler, nous aboutirions à restreindre la portée réelle de notre question. Pour la déterminer exactement, il faut compléter nos explications préliminaires. Quelques mots suffiront d'ailleurs à cet effet, et achèveront ainsi de mettre en relief le grand intérêt que notre question présente. Le légataire avait, nous l'avons dit, en vertu du sénatus-consulte Néronien, la faculté de considérer comme fait per damnationem, et comme valable à ce titre, tout legs nul seulement pour avoir été conçu dans une autre formule. Il était dès lors naturel qu'on autorisât le légataire à transformer en legs per damnationem tout autre legs valable, et spécialement qu'on lui permît, en cas de legs per vindicationem, d'exercer à son choix ou l'action en revendication ou l'action personnelle ex testamento. Telle est bien aussi, comme de nombreux textes en font foi, la conséquence que les jurisconsultes ne tardèrent pas à déduire de la disposition du Néronien (L. 84, § 13, de legatis, D. 30, 1; — L. 108, § 2, de leg., D. 30, 1; — L. 33 et 85, de leg., D. 30,1; — L. 76, § 8, de leg.,

D. 31, 2). Dans le droit classique, un legs quelconque engendrait donc ou bien était susceptible d'engendrer un droit de créance au profit du légataire. Et Justinien, en accordant à tout légataire une action personnelle contre l'héritier, ne fit que consacrer la jurisprudence fondée sur le sénatus-consulte Néronien (L. 3, de legatis, C. 6, 37).

PREMIÈRE PARTIE

De la créance des légataires.

Tout créancier implique nécessairement un débiteur.
Comme en témoignent les termes mêmes des formules citées, à la créance du légataire correspond l'obligation de
l'héritier. Il convient d'abord de rechercher quel est le fondement juridique de ce rapport obligatoire. Le testateur,
nous l'avons vu, condamne son héritier à faire, en faveur
du légataire, telle prestation qu'il lui plaît d'ordonner.
Cette disposition suffit-elle par elle seule pour engager
l'institué? La réponse affirmative constituerait une dérogation à ce principe de justice, consacré par le droit, que
nos actes ne nuisent qu'à nous-même, et que nous ne
pouvons en conséquence lier un tiers qu'avec son consentement exprès ou tacite (C. int. al. act. VII, 60). C'est
pourtant le système que certains auteurs, Holtius, entre
autres, au rapport de Maynz (Dr. Rom., t. 3, § 422), ont
essayé d'établir. Ils soutiennent que l'obligation de l'héritier se produit, abstraction faite de toute acquisition d'hérédité, qu'elle naît ex testamento, du seul testament. A
l'appui de cette doctrine, ils invoquent d'abord la qualifi-
cation de l'action qui sanctionne le droit du légataire et
qui porte le nom d'actio ex testamento. Puis ils se fon-

dent sur les passages suivants des sources : « Quæ scri-
buntur obligationem pariunt... obligationem scriptura re-
cipit...; — Si testamenti obligatione heredem liberassent...
ex testamento agere.... » (L. 7, de ann. leg., D. 33, 1 ; —
L. 32, § 1, de al. leg., D. 34, 1). A les prendre à la lettre,
nous ne le méconnaissons pas, ces textes semblent bien
autoriser la conclusion qu'on prétend en faire découler.
Mais ils comportent une interprétation toute différente
qui permet, sans qu'il soit besoin de les torturer, de les
concilier avec les principes. Il suffit de les considérer
comme de simples souvenirs historiques. Leur rédaction
s'explique en effet très naturellement, si l'on admet qu'ils
se réfèrent à l'époque où le légataire, comme l'héritier,
participait à la confection du testament. Il n'est pas téméraire de croire qu'alors l'héritier s'engageait directement
et verbalement envers le légataire. C'est une supposition
qu'on ne saurait accuser d'avoir un caractère par trop
conjectural : car elle peut s'appuyer d'un passage, malheureusement mutilé, de Cicéron qui nous représente le
légataire comme un créancier par stipulation (De legibus,
II, 21 ; — Gaius, IV, 175). Sous le régime du testament per
æs et libram, il est certain qu'on ne saurait expliquer absolument de la même manière la naissance de l'obligation
de l'héritier. Il n'intervient plus entre les parties, comme
jadis, un contrat proprement dit. Les textes font dériver
l'obligation de l'héritier d'un de ces faits que les Romains
assimilent à des contrats, et auxquels ils attachent les
mêmes conséquences. « Contrahere videtur heres, dit Ulpien, quum adit hereditatem (L. 3, § 3, quibus ex causis in
poss. eat. D. 42, 4 ; — L. 19, princip. de regulis juris.
D. 50, 17 ; — L. 4, quib. ex caus. D. 42, 4). L'obligation
naît de l'adition, quasi ex contractu, comme d'un contrat. Faire adition, c'est bien en effet manifester la volonté

d'acquitter les dettes et les charges qui grèvent l'hérédité. Toutefois, il importe de le remarquer, le motif sur lequel Ulpien fonde l'obligation dont est tenu l'héritier envers les légataires ne se réfère strictement qu'à l'hypothèse d'un héritier externe pour qui l'acceptation est facultative. L'héritier nécessaire est, comme son nom l'indique, investi de plein droit de la succession, sive velit, sive nolit; par conséquent, l'acquisition qu'il fait de l'hérédité ne saurait impliquer de sa part l'engagement tacite d'acquitter les legs imposés par le testateur. Cependant, les textes semblent bien rattacher à la même cause l'obligation de l'héritier à l'égard des légataires, sans distinguer s'il s'agit d'un héritier externe ou d'un héritier nécessaire (L. 5, § 2, de oblig. et act. D. 44, 7). Peut-être pourrait-on expliquer la généralité des textes par la considération suivante. L'introduction du jus abstinendi tendit, en fait, à transformer l'héritier nécessaire en véritable héritier externe. Quand l'héritier nécessaire ne recourait pas au bénéfice que le préteur lui permettait d'invoquer, on pouvait, en réalité, le considérer comme ayant volontairement accepté la succession.

SECTION I.

Il importe maintenant de chercher à préciser d'abord quel pouvait être le montant, le chiffre de la créance du légataire; puis à déterminer quels biens en garantissaient le paiement.

Le principe célèbre de la loi des Douze Tables : « Uti legassit suæ rei, ita jus esto » consacrait pour le testateur la liberté de disposer à son gré de son patrimoine. « Olim quidem, dit Gaius, licebat totum patrimonium legatis at-

que libertatibus erogare, nec quicquam heredi relinquere
præterquam inane nomen heredis » (Gaius, II, 224). Ainsi
donc, le père de famille pouvait épuiser sa succession par
des libéralités à titre particulier, et ne laisser à l'héritier
qu'un titre purement illusoire. Dans ces conditions, l'institué refusait souvent de faire adition, et sa répudiation
avait pour conséquence d'entraîner l'entier évanouissement
de toutes les dispositions testamentaires. Le législateur
s'effraya de ces abus qui compromettaient l'institution
même du testament. Il essaya, par la loi Furia d'abord,
puis par la loi Voconia, de remédier au mal. Mais ni l'une
ni l'autre de ces deux lois, Gaius le constate (II, 225),
n'atteignit le but désiré. Toutes deux, en effet, restrei-
gnaient beaucoup trop la faculté de léguer, sans garantir
pourtant à l'héritier un intérêt sérieux à faire adition. En
l'an de Rome 714, la loi Falcidia vint introduire un système mieux combiné qui conciliait tous les intérêts. Elle
assurait à l'institué le quart net du patrimoine, et aban-
donnait le reste à la libre disposition du testateur (Gaius,
II, 227). Lorsqu'il s'agit de savoir si les legs excèdent les
trois quarts disponibles et de régler dans quelle propor-
tion ils doivent être réduits, il faut toujours, pour apprécier les forces de la succession, se placer au moment du
décès du testateur : « Quantitas autem patrimonii ad quam
ratio legis Falcidiæ redigitur mortis tempore spectatur
(Gaius, L. 73, pr. D. ad leg. Fal. 35, 2). Le droit des légataires ainsi fixé reste-t-il définitif, indépendant des variations qui peuvent survenir dans la consistance ou la valeur
des biens héréditaires? On peut prévoir deux hypothèses.

Supposons d'abord que, grâce soit à des plus-values,
soit à des accroissements, l'ensemble de la succession ait
augmenté de valeur entre le décès et l'adition. Le droit des
légataires en sera-t-il augmenté? Non : les legs n'en de-

vront pas moins subir une réduction du quart. Gaius est très explicite à cet égard. « Itaque, dit-il, si, verbi gratia, is qui centum aureorum patrimonium in bonis habebat, centum aureos legaverit, nihil legatariis prodest, si ante aditam hereditatem per servos hereditarios, aut ex partu ancillarum hereditariarum, aut ex fœtu pecorum, tantum accesserit hereditati, ut centum aureis legatorum nomine erogatis, heres quartam partem hereditatis habiturus sit; sed necesse est ut nihilominus quarta pars legatis detrahatur » (Gaius, L. 73, pr. D. ad leg. Fal. 35, 2). Ce résultat, comme on l'a fait très justement remarquer, n'a d'ailleurs rien d'inique; les légataires reçoivent en effet exactement ce qu'ils auraient reçu s'ils avaient été payés à l'instant même où l'hérédité s'ouvrait. Toutefois il convient d'observer, comme nous en prévient le jurisconsulte Mœcianus, que la décision que nous venons de relever n'est d'une vérité stricte qu'à l'égard des légataires de quantités. Supposons en effet une succession présentant au jour du décès une valeur de 400 et grevée d'un legs unique portant sur un fonds dont la valeur à la même époque est de 350. Le legs doit être réduit d'un septième. Qu'au jour de l'adition le fonds légué vaille 400, le légataire n'en pourra toujours exiger que les six septièmes. Seulement leur valeur sera plus forte qu'au jour du décès. Si donc on envisage les légataires de corps certain, on voit qu'ils profiteront des améliorations affectant directement l'objet de leur legs et que, pour emprunter l'excellente formule de M. Accarias, c'est la quotité de leur droit et non sa valeur qui reste invariable.

Supposons, au contraire, qu'après le décès du testateur les biens héréditaires aient éprouvé des moins-values ou subi des détériorations importantes. Faudra-t-il donner une solution symétrique à celle que nous avons donnée dans l'hypothèse précédente et décider, sous le bénéfice de la remarque relative aux legs de corps certain, que le droit des légataires n'en sera pas juridiquement affecté? La question, certes, est intéressante ; nous devons toutefois la réserver pour l'instant, parce qu'elle se rattache de la manière la plus étroite à la question suivante : quel est le gage de la créance du légataire? Et c'est en étudiant cette dernière que nous aurons l'occasion de la résoudre.

Tous les biens d'un débiteur sont affectés à la sûreté de ses créanciers : tel est le principe. Nous devons rechercher si ce principe comporte une dérogation, lorsqu'on envisage les rapports du légataire et de l'héritier. Autrement dit, et pour employer une formule plus précise, le légataire n'a-t-il pour gage de son droit que les biens de la succession? ou peut-il, au contraire, poursuivre le payement de sa créance, même sur les biens personnels de l'héritier? Il semble, au premier abord, que la disposition même de la loi Falcidia prête à notre question un caractère de naïveté. L'ensemble des legs, pourrait-on dire en effet, ne doit pas excéder les trois quarts du patrimoine du testateur; et l'on en induirait qu'a fortiori la loi Falcidia met à l'abri des poursuites des légataires les biens propres de l'héritier. Mais un pareil raisonnement ne constituerait pas autre chose, à notre avis, qu'une pétition de principe : nous allons, en tout cas, essayer de démontrer que la prétendue conclusion serait erronée.

Seulement, il importe avant tout d'en avertir, la question que nous cherchons à résoudre ne se présente pas dans toutes les espèces avec le même intérêt. Supposons, par exemple, qu'un légataire soit, en vertu du legs, créancier d'une certa res. Il actionnera l'héritier pour que celui-ci lui transfère la propriété de l'objet légué. Si l'héritier dégrade la chose ou la laisse détériorer, il sera responsable sur tous ses biens sans distinction. chacun l'admet, des conséquences de son dol ou de sa faute. Que la res certa périsse par cas fortuit, l'héritier, pourvu, bien entendu, qu'il ne soit pas in mora, sera, comme tout débiteur de corps certain, libéré de son obligation : « debitor interitu rei liberatur » (L. 30, § 4, D. ad leg. Fal. 35, 2).

Voici donc réduite à ses plus simples éléments l'hypothèse où la question offre de l'intérêt. Primus laisse un patrimoine d'une valeur de 400. Il n'a fait qu'une disposition à titre particulier; il a condamné son héritier Secundus à donner à Tertius 300. A la suite de pertes par cas fortuit, la succession s'est trouvée réduite à 200. Si néanmoins l'institué fait adition, Tertius le légataire pourra-t-il lui réclamer le payement entier de son legs, 300 en l'espèce? Gaius répond par l'affirmative et dans les termes les plus formels. « Itaque, si verbi gratia, is qui centum aureorum patrimonium habebat, septuaginta quinque aureos legaverit, et ante aditam hereditatem in tantum decreverint bona, incendiis forte, aut naufragiis, aut morte servorum, ut non amplius quam septuaginta quinque aureorum substantia, vel etiam minus relinquatur, solida legata debentur » (L. 73, pr. D. ad leg. Fal. 35, 2). La solution que donne le jurisconsulte implique nécessairement que l'action du légataire s'étend même aux biens personnels de l'héritier. L'héritier, ajoute Gaius, ne saurait se plaindre : il avait un moyen bien simple d'éviter ce résultat fâcheux. Il n'avait qu'à menacer le légataire de répudier pour obtenir une transaction qui l'eût déchargé d'une quote-part du legs et lui eût assuré un bénéfice.

Si l'on suppose que c'est après l'adition seulement que les détériorations se sont produites, faut-il encore reconnaître que le légataire a pour gage de son droit tout le patrimoine de l'héritier? Nous n'hésitons pas à répondre affirmativement. Il est certain que, pour appuyer cette solution, on ne saurait invoquer la considération que Gaius fait valoir dans l'hypothèse précédente. Mais il ne faut pas se méprendre sur la portée de cette considération. Elle ne constitue pas le fondement juridique de la décision que donne le jurisconsulte. Ce dernier ne la fait intervenir qu'à titre accessoire et pour montrer que, dans l'espèce prévue, l'application des principes ne contrarie point l'équité. La décision de Gaius repose sur la combinaison des deux principes suivants : 1° la quotité du droit du légataire se fixe au moment du décès du testateur ; 2° l'adition a pour effet d'obliger personnellement l'héritier au payement des legs. De ces deux principes, le jurisconsulte ne formule expressément que le premier ; mais le second se dégage nettement de la décision citée plus haut qu'on ne pourrait expliquer sans son secours.

Pour donner la même solution, Mœcianus ne se préoccupe pas de l'époque où les détériorations se produisent. Nous le constatons pour prouver que nous avons raison de ne pas considérer comme essentielle l'observation dont Gaius accompagne sa décision. Mœcianus décide d'une manière générale que les accidents qui peuvent diminuer les valeurs héréditaires n'affectent en rien la quotité du droit des légataires. « Sin vero argenti pondus pure relictum esset, quamvis omne argentum testatoris deperisset, admissa lege Falcidia, portio ejus quantitatis sumetur, quæ fuit in bonis eo tempore quo testator decessit : nec ad imminuendam eam quicquam damna postea incidentia proficient » (L. 30 § 5, D. ad leg. Fal. 35, 2). Maintenir invariable la quotité de la créance des légataires, malgré la disparition complète, on peut le supposer, des valeurs héréditaires, n'est-ce pas reconnaître implicitement mais clairement que les légataires ont pour gage non seulement les biens de la succession, mais encore les biens personnels de l'héritier? Telle est enfin la doctrine qui se dégage avec évidence d'une controverse qui s'éleva chez les Romains sur les effets de la separatio bonorum, controverse que Pothier expose ainsi : « Paul et Ulpien pensaient que les créanciers et légataires du défunt, en obtenant la séparation des patrimoines du défunt et de l'héritier, s'étaient restreints aux biens de la succession du défunt et ne pouvaient plus se venger sur les biens de l'héritier qu'ils n'avaient pas voulu reconnaître pour leur débiteur, « recesserunt a persona heredis ». Papinien inclinait à l'opinion contraire ; c'est celle à laquelle nous devons nous tenir : car la séparation de biens introduite en leur faveur ne doit pas être rétorquée contre eux ; en la demandant, ils n'ont pas eu l'intention de libérer l'héritier de l'obligation qu'il a contractée envers eux par l'acceptation de la succession, mais seulement d'être préférés sur ces biens aux créanciers de l'héritier » (Pothier, Traité des successions, p. 242).

Nous n'invoquons pas, pour prouver que l'héritier est tenu, même sur ses biens personnels, le passage suivant du Digeste : « si pecunia legata in bonis legantis non sit, solvendo tamen hereditas sit, heres pecuniam legatam dare compellitur, sive de suo, sive ex venditione rerum hereditariarum, sive unde voluerit » (L. 12, pr. de legat. et fideicom., D. 31, 2). Le texte, en effet, n'est pas suffisamment explicite. On peut dire qu'il ne fait que signaler un moyen pour l'héritier d'exécuter la libéralité du défunt. Pour qu'on pût tirer de ce passage un argument péremptoire, il faudrait qu'il nous renseignât sur l'état actuel de la succession ou qu'il nous montrât l'héritier obligé, pour acquitter le legs, de vendre ses biens personnels.

Les commentateurs ne se sont guère attachés à résoudre la question que nous venons d'étudier ; beaucoup, malgré l'intérêt qu'elle présente, ne l'ont même pas signalée.

Si nous consultons Cujas, nous trouvons deux passages qui se réfèrent à notre question, mais qu'il nous semble difficile de concilier. Dans le premier, Cujas explique l'utilité de la cautio legatorum : « Edictum prorsus pertinet ad legata relicta ex die certa vel incerta, metuente forte legatario, ne interim, antequam conditio sive dies extiterit, heres dissipet bona sua, ne inane legatum, inanem actionem faciat » (Cujacii opera, t. I, p. 707). Le commentateur ne distingue pas entre les biens héréditaires et les biens personnels de l'héritier ; que ce dernier dissipe les uns ou les autres, dans les deux cas, il compromet le gage des légataires. Dans le second passage, Cujas soutient, au contraire, et de la manière la plus catégorique, qu'à l'époque classique, l'héritier ne paie jamais les legs sur ses propres biens, en d'autres termes, que le patrimoine personnel de l'héritier ne garantit pas le droit de créance des légataires : « Heres de suo quadrante præstat sæpè legatum....; de suis bonis, nunquam, quod sciam, nisi, ex constitutione Justiniani, uno casu, si omiserit inventarium, quo casu et de suo quadrante et eo amplius de suis bonis explet legata (Cujacii opera, t. IV, p. 766).

Doneau n'accepte pas la doctrine contenue dans le passage que nous venons de relever. La quotité du legs une fois déterminée comme nous l'avons dit, il assimile le légataire aux créanciers ordinaires et lui reconnaît, pour gage de son droit, le patrimoine entier de l'héritier son débiteur : « Onus legatorum heredis onus est itidem, ut æs alienum ; tenetur legatariis heres ut et creditoribus » (Hugonis Donelli opera, t. II, p. 463). « Etiamsi, dit-il ailleurs, res omnes hereditariæ perierint, obligatum tamen heredem manere » (Donelli opera, t. II, p. 962). Doneau commentant un texte de Papinien fait l'application de ces idées dans l'hypothèse d'une substitution pupillaire : « Secundum quæ poterit evenire, ne substitutus quidquam retineat. Id tum eveniet, quum patris hereditas legatis sufficit, nunc autem pupilli non sufficit. Nam si quum a principio legi Falcidiæ locus non fuit, solida legata præstanda sunt, substitutus omnia præstare debebit, quamvis hereditas pupilli solvendo esse desierit. Quo casu, omnibus solutis, futurum est, non modo ut nihil retineat, sed etiam ut de suo supplere interdum cogatur. Quod tunc fiet, cum hereditas pupilli omnibus solvendis par non erit » (Donelli opera, t. II, p. 917). Si l'on dégage cette dernière espèce de toute complication, pour la ramener à l'hypothèse d'une institution ordinaire, il est de toute évidence que la décision devra rester la même.

C'est aussi la doctrine que professe Peregrinus, comme en témoigne le passage suivant, dans lequel il explique pourquoi les détériorations survenant post aditionem n'affectent pas le droit des légataires : « Quia per aditionem, quæ retrotrahitur ad tempus mortis, contrahitur obligatio ex eo tempore ad præstanda legata. Quæ deinde eadem manet, nec augetur, nec minuitur mutatione in rebus contingente, ut in aliis debitoribus quantitatis accidit » (de fideicom., art. 10, n° 36).

Furgole ne restreint pas non plus l'action personnelle des légataires aux seuls biens de la succession. Le passage qui suit est très explicite à cet égard : « La loi 2, communia de legatis, refusant l'action hypothécaire sur les biens de l'héritier, il ne resterait aux légataires, dit l'avocat au parlement de Toulouse, qu'une action personnelle contre celui des cohéritiers qui aurait vendu sa portion de biens, laquelle action pourrait devenir inutile par l'insol-

vabilité des cohéritiers, dont les biens propres pourraient
être absorbés par des créances hypothécaires qu'il aurait
contractées et qui seraient préférées à l'action personnelle
des légataires du défunt (Traité des testaments, liv. III,
p. 100).

Dans son commentaire des Coutumes de la ville de Lille,
où, dans le silence de la coutume, on suivait la loi romaine,
Paton n'est pas moins catégorique : « Les légataires, dit-
il, ont une action contre l'héritier pour paiement de leurs
legs, et ils peuvent s'adresser indistinctement sur toutes
sortes de biens, meubles et immeubles, soit que ces biens
aient été délaissés par le défunt, soit qu'ils appartiennent
à l'héritier de son chef (Comment..., t. I, p. 71).

Quant à Pothier, qui s'inspire souvent du droit romain,
voici comment il s'exprime sur notre question : « Tant
que l'héritier pur et simple ne justifie pas qu'il n'y a pas
de quoi payer les legs dans les biens de la succession, qu'il
ne les abandonne pas aux légataires, il peut être contraint
au paiement même sur ses propres biens, au lieu qu'on ne
peut se venger sur ceux de l'héritier bénéficiaire » (Traité
des successions, p. 152). Pothier reconnaît donc en principe que l'action des légataires s'étend même sur les biens
personnels de l'héritier. Seulement, il importe de bien le
remarquer, il accorde à l'héritier la faculté de soustraire
son patrimoine personnel aux poursuites des légataires,
par l'abandon qu'il leur fait des valeurs héréditaires. C'est,
en définitive, restreindre le gage des légataires aux seuls
biens de la succession; nos explications antérieures nous
dispensent de relever les conséquences juridiques qu'entraîne un pareil système.

Nous ne devons pas omettre de mentionner ici, relativement à l'étendue de l'obligation de l'héritier à la prestation des legs, une réforme importante de l'empereur

Justinien. Ce prince, après avoir imaginé le bénéfice d'inventaire, voulut, dans l'intérêt de son innovation dont il se montrait fort jaloux, que l'héritier qui l'aurait dédaignée, non seulement perdît le bénéfice de la quarte Falcidie, mais encore fût tenu de l'obligation d'acquitter intégralement tous les legs, licet puræ substantiæ morientis transcenderent mensuram. Et encore faut-il remarquer que si l'empereur impose une telle obligation à l'héritier, ce n'est pas précisément à défaut, par ce dernier, d'acceptation bénéficiaire, mais seulement à défaut d'inventaire, puisque l'héritier, alors même qu'il renonce au bénéfice d'inventaire en exerçant le jus deliberandi, doit néanmoins inventorier les biens de la succession, s'il ne veut être tenu des legs ultra vires hereditatis (L. 22, § 14, de jure deliberandi, C. VI, 30. Nov. 1, cap. 2, § 2).

En cas d'acceptation sous bénéfice d'inventaire, le gage des légataires, de même que celui des créanciers du défunt, est restreint aux seuls biens de la succession. Le passage suivant ne peut laisser aucun doute à cet égard : « Sed etsi legatarii interea venerint, eis satisfaciat ex hereditate defuncti, vel ex ipsis rebus, vel earum forsitan venditione » (Loi 22, § 4, C. de jure delib., VI, 20). Cette décision de Justinien ne constitue-t-elle pas une nouvelle preuve qu'en cas d'acceptation pure et simple le patrimoine de l'héritier est affecté tout entier à la garantie du droit des légataires ?

SECTION II.

Il convient à présent d'examiner de quel moyen le légataire était armé pour assurer l'exécution de la libéralité testamentaire.

L'action qui sanctionne la créance du légataire porte le
nom d'action ex testamento. Cette action rentre dans la
catégorie des actions personnelles qu'on appelle condictiones (Gaius, II, 204, et IV, 5). Elle résulte, comme à
l'origine du moins, toutes les condictiones, de la solennité
de la formule du legs et du caractère unilatéral de l'obligation qui dérive de cette formule. De même encore que les
autres condictiones, et suivant la détermination plus ou
moins précise de l'objet dû, l'action ex testamento prend
le nom spécial, tantôt de condictio certi, tantôt de condictio incerti. Nous ne nous attacherons pas à détailler ici,
communs qu'ils sont à toutes les condictiones, les effets
respectifs que présente, dans ces deux classes d'hypothèses, la condictio du légataire. Nous relèverons seulement un des intérêts spéciaux qu'offrait, en matière de
legs, la division précitée des condictiones. En cas de condictio certi, dans le droit classique, la dénégation de l'héritier entraînait une condamnation au double au profit du
légataire (Gaius, IV, 9). Un texte de Gaius dit, il est vrai,
d'une manière générale, qu'en cas de legs per damnationem, l'infitiatio du défendeur entraîne condamnation au
double (Gaius, II, 282, et IV, 171). Mais un autre texte du
même jurisconsulte établit catégoriquement la distinction
que nous avons signalée : « Rem vero et pœnam perse-
quimur, velut ex his causis ex quibus adversus infitiantem
in duplum agimus : quod accidit per actionem judicati,....
legatorum nomine quæ per damnationem certa relicta
sunt ». Et c'est dans ce dernier fragment, si l'on s'en rapporte au témoignage de Justinien (Instit. III, 7), qu'il faut
chercher l'exacte expression du droit classique sur le point
qui nous occupe. La condemnatio in duplum résultant de
l'infitiatio constituait une peine dont l'éventualité menaçante était de nature à prévenir la résistance du débiteur

à une demande bien fondée. Les Romains, dans le but d'assurer le respect des condamnations judiciaires, appliquèrent d'abord cette peine au défendeur à l'action judicati qui s'avisait de nier la sentence rendue contre lui (L. 29, § 5, mandati, D. 17, 1). Puis ils étendirent la même peine au défendeur dans certaines autres actions, quand ils crurent, avec leur esprit formaliste, trouver un principe d'assimilation entre ces actions et l'action judicati. Pour l'action legati certi, le principe d'assimilation fut la parfaite analogie de la formule primitive du legs per damnationem avec la formule de la condemnatio prononcée par le juge.

Justinien a conservé la condemnatio in duplum en matière de legs, mais en modifiant beaucoup les règles qui la gouvernaient dans le droit classique. Désormais, le doublement de la condamnation devient indépendant de la forme et de l'objet de la libéralité. De plus, il est encouru, même sans dénégation, par la simple mise en demeure de l'héritier (L. 46, § 7, C. de episcopis et clericis ; — Inst. IV, de act., § 19 et 26). Seulement la condamnation au double ne constitue plus, dès lors, qu'un privilège spécial, restreint aux églises et aux établissements que l'empereur appelle loci venerabiles, c'est-à-dire aux monastères, hospices et asiles (Inst. III, 27, de oblig. quasi ex contractu, § 7).

D'après quelques auteurs, à la distinction des condictiones fondée sur l'objet de la demande, correspondrait une classification d'une grande importance. Le certum, prétendent ces auteurs, constituerait la condition essentielle et le caractère distinctif des actions stricti juris ; les condictiones incerti devraient être rangées dans la classe des actions bonæ fidei. Tel est le système que soutient M. Maynz (Droit romain, I, § 54, et II, § 195). Entre les diverses raisons qu'il fait valoir à l'appui, voici le plus spécieux de ses arguments. Un incertum, comme objet d'une action, doit nécessairement impliquer, chez le juge, pour que la décision soit possible, un certain pouvoir d'appréciation : or, l'idée d'action stricti juris exclut tout pouvoir arbitraire du juge, toute faculté d'appréciation sur l'étendue du droit ; donc un incertum ne peut jamais faire l'objet d'une action stricti juris. Ce raisonnement serait péremptoire si les prémisses en étaient exactes : seulement les textes vont nous prouver qu'elles reposent sur une grave confusion. Le pouvoir qu'a le juge d'apprécier et d'évaluer n'est point en effet incompatible avec les actions stricti juris, parce que ce pouvoir n'est pas fatalement arbitraire et peut être réglementé par le droit strict. En d'autres termes, si nous comprenons fort bien un « quidquid dare facere oportet » qui confère au juge des pouvoirs étendus, nous n'avons pas de raison pour en écarter un autre qui renferme ces pouvoirs dans des limites déterminées. Cette distinction ne se dégage-t-elle pas de nombreux textes ? Qu'est-ce que le « quidquid dare facere oportet ex fide bona » que nous trouvons en certains cas (Gaius, IV, 47, 60, 131 ; l. 71, pro socio, D. 47, 2 ; l. 89, de verb. obl., D., etc...), si ce n'est celui qui donne au juge des pouvoirs larges ? Et qu'est-ce que le « quidquid dare facere oportet » que nous trouvons sans l'adjonction des mots ex fide bona dans certains autres cas (Gaius, IV, 136 ; — l. 29, § 1, de verb. oblig., D. ; — l. 72, § 3, de solut., D, 46, 3), si ce n'est celui qui n'attribue pas au juge les mêmes pouvoirs ? Comment expliquer cette phraséologie différente, si tous les judicia incerta avaient le même caractère ; si tous étaient nécessairement bonæ fidei, pourquoi ne renfermeraient-ils pas tous dans leur intentio les mots ex fide bona ?

L'action ex testamento, qu'elle eût pour objet un certum ou qu'elle eût pour objet un incertum, était donc toujours une action de droit strict (Gaius, II, 213; — L. 5 et L. 7, pr. de eo quod cert. loco, D. 13, 4). Il y avait à distinguer les actions stricti juris des actions bonæ fidei, de nombreux intérêts pratiques qu'on peut rattacher tous à cette idée générale : qu'il s'agisse de constater l'existence du droit, d'en apprécier l'étendue, d'en déterminer la sanction, les pouvoirs du juge sont beaucoup plus restreints dans l'action de droit strict que dans l'action de bonne foi. Voici, parmi les diverses conséquences qu'entraînait le caractère de droit strict, les plus importantes à relever :

1° Dans les actions de bonne foi, le juge avait pour mission d'agir ex fide bona (Gaius, IV, 47), autrement dit, de se conformer à l'équité. Il pouvait tenir compte de tous les moyens de droit et de fait que les parties invoquaient devant lui. Il n'avait besoin à cet effet d'aucune autorisation spéciale : la nature même de l'action impliquait nécessairement ce pouvoir discrétionnaire : « Insunt exceptiones doli mali et pacti bonæ fidei judiciis » (Fragm. vatic., § 94). Dans les judicia proprement dits, au contraire, dans les actions stricti juris, le juge ne pouvait s'arrêter aux exceptions produites que si ces moyens de défense avaient été préalablement admis par le préteur et formellement insérés dans la formule (Gaius, IV, 63).

2° Dans les actions de bonne foi, la mora, c'est-à-dire le retard dans l'exécution qui se produit après une interpellation régulière du créancier et par suite d'une résistance frauduleuse du débiteur, faisait courir les intérêts au profit du créancier. Dans les actions de droit strict, au contraire, la mora du débiteur n'influait point sur le montant de la condamnation (L. 32, § 2, de usuris, D. 22,1 ; — L. 3 et 4, de usuris, C. iv, 32).

3.° Quand il s'agissait d'apprécier la responsabilité du dol ou de la faute du débiteur, on était bien moins sévère dans les actions de droit strict que dans les actions de bonne foi. Supposons, par exemple, une stipulation ayant pour objet la dation d'un corps certain. Par la condictio née de ce contrat, le débiteur ne sera jamais tenu de ses omissions, alors même que ces omissions constitueront non pas une simple faute, mais un dol. Le débiteur ne répondra même pas des faits actifs, si ces faits n'ont eu pour résultat que de diminuer la valeur de la chose due, sans restreindre le droit que le débiteur avait sur elle (L. 23, de regul. per. D. 50, 17; — L. 91. de verb. oblig. D. 45, 1; — L. 7, § 3, de dolo malo, D. 4, 3).

L'action ex testamento, nous l'avons dit, était toujours à l'origine, et quel que fût son objet, une action de droit strict : ce qu'on ne saurait toutefois contester, c'est qu'elle tendit de jour en jour à se rapprocher des actions de bonne foi.

Pour maintenir en particulier les deux dernières conséquences que nous venons de signaler, on ne pouvait pas en effet faire valoir les mêmes considérations que pour les autres condictiones. Dans l'hypothèse d'un mutuum par exemple, le prêteur ne peut réclamer d'intérêts qu'autant qu'il a pris soin, par une stipulation expresse et spéciale, de prévenir le débiteur de l'aggravation possible de sa dette (L. 11, §1, de rebus creditis. D. 12, 1). Le droit romain ne fait alors que rejeter sur le créancier la responsabilité de son imprévoyance, et il n'y a pas lieu de le taxer de ce chef d'une excessive rigueur. Mais la situation du légataire n'est pas comparable à celle du prêteur ou du stipulant : la formule du legs qui lui confère son droit n'est pas son œuvre. Néanmoins, ce fut d'abord, nous l'avons dit, une règle absolue que le légataire ne pouvait jamais prétendre aux intérêts, même à partir de la litis contestatio. Mais dans une opinion qui semblait prévaloir à l'époque de Gaius et qui s'inspirait sans doute de l'idée que nous avons relevée, les jurisconsultes firent exception pour le legs sinendi modo. Dans ce cas, on admit que du jour de la mora, comme dans les actions bonæ fidei, l'héritier devrait les intérêts : « fideicommissorum usuræ et fructus debentur, si modo moram solutionis fecerit qui fideicommissum debebit : legatorum vero usuræ non debentur; idque rescripto divi Hadriani significatur. Scio tamen Juliano placuisse, in eo legato quod sinendi modo relinquitur, idem juris esse quod in fideicommissis, quam sententiam et his temporibus magis obtinere video » (Gaius, II, 280). Le droit classique n'étendit pas aux autres legs cette dérogation au caractère strict de l'action ex testamento. Cependant on pourrait être tenté de prétendre le contraire en s'appuyant sur le passage suivant tiré d'Ulpien : « Usuræ vicem fructuum obtinent et merito non debent a fructibus separari ; et ita in legatis, et fideicommissis et in tutelæ actione et in cæteris bonæ fidei judiciis servatur » (L. 34, de usuris, D.). Mais il y a longtemps qu'on a fait remarquer que, pour rétablir dans son intégrité le texte d'Ulpien, il faut ou bien y supprimer les mots in legatis ou bien ajouter à ces mots les mots sinend[i] modo. Si les compilateurs du Digeste ont modifié le passage du jurisconsulte classique, c'était pour le mettre d'accord avec la législation de Justinien où, grâce à l'assimilation des legs aux fidéicommis, la mora de l'héritier fait toujours courir les intérêts au profit du légataire.

Mais où s'accusa surtout la tendance de notre action à se rapprocher des actions bonæ fidei, ce fut dans la théorie de l'appréciation de la responsabilité de l'héritier; c'était là d'ailleurs que les plus sérieuses considérations recommandaient, pour ne pas dire imposaient, le rapprochement. La stipulation en effet, source la plus ordinaire de la condictio, présentait, malgré son caractère unilatéral, une forme assez souple; c'était un moule dans lequel on pouvait couler des obligations de tout genre, sauf à bien décomposer les rapports de droit quand ils étaient complexes. Ainsi, comme le jus civile ne tenait aucun compte des préjudices causés à l'une des parties par le dol de l'autre, le stipulant, pour combler la lacune du droit strict, pouvait exiger du promettant qu'il s'engageât d'une manière expresse à ne point commettre de dol dans l'affaire dont il s'agissait sous peine de dommages-intérêts. Le légataire ne jouissait pas de la même ressource; il n'avait pas pu discuter ses intérêts avec l'héritier, ni les sauvegarder par l'insertion de certaines clauses. Il est tout naturel dès lors qu'on se soit préoccupé de la différence des situations et qu'on ait de bonne heure, dans l'appréciation de la responsabilité de l'héritier, appliqué les principes plus larges admis dans les actions de bonne foi, principes de nature à mieux protéger les droits du légataire. Sans qu'il y ait en effet à distinguer, comme dans l'action ex stipulatu, quelle est la nature de la prestation, l'héritier répond toujours de son dol et en règle générale de toute espèce de fautes : telle est la doctrine qui se dégage de l'ensemble des textes (L. 47, § 4 à 6, et L. 108, § 12, de legatis. D., 30, 1).

Dans le même ordre d'idées, il peut être intéressant de mettre en parallèle avec la stipulation ayant pour but la constitution d'une rente viagère la disposition testamentaire ayant le même objet. La comparaison montrera que la largeur avec laquelle on interprète dans ce cas la formule du legs rapproche encore sur ce point l'action ex testamento des actions de bonne foi.

Titius, pour emprunter l'exemple des Institutes, a stipulé dix sous d'or pour chaque année de sa vie : « Decem aureos annuos quoad vivam dare spondes? » (Instit., III, 15, 3.) Si nous nous demandons comment les jurisconsultes romains caractérisaient une stipulation de ce genre, Pomponius nous répond qu'elle était una, incerta, perpetua (L. 16, § 1, de verb. oblig., D. 45, 1).

1° La stipulation était una, c'est-à-dire que les diverses annuités se réunissaient en un seul tout, constituaient une créance unique dont le paiement se fractionnait en une série de termes.

2° La stipulation était incerta : car, eût-on même limité l'effet de la stipulation à la vie du créancier, la durée problématique du service de la rente stipulée ne permettait pas au demandeur de préciser le montant de sa prétention. Le stipulant devait donc intenter une condictio incerti; mais il ne pouvait agir qu'une fois, parce qu'une seule demande avait pour effet de déduire en justice sa créance complète, et du premier coup d'épuiser son droit tout entier.

3° Enfin la stipulation était perpetua, c'est-à-dire se perpétuait malgré le décès du titulaire ou de la personne sur la tête de laquelle la rente viagère était stipulée. Les héritiers du stipulant dans le premier cas et, dans le second, le stipulant lui-même continuaient à pouvoir exiger le service de la rente. Telle était la conséquence rigoureuse de cette règle romaine que les obligations ne s'éteignent point solo tempore, par un simple laps de temps.

Le droit prétorien dut intervenir pour corriger la double iniquité d'une théorie qui se souciait si peu de respecter la volonté des parties. D'une part, en effet, grâce à la præscriptio suivante qu'il faisait insérer dans la formule « ea res agatur cujus rei dies fuit », le stipulant put désormais intenter la condictio incerti sans compromettre son droit aux annuités futures (Gaius, IV, 131). D'autre part, le débiteur, en cas de décès de la personne sur la tête de laquelle était stipulée la rente viagère, put, à l'aide de l'exception soit pacti conventi, soit doli mali, paralyser l'exercice de la condictio (L. 44, § 1, de oblig. et act., 44, 7).

Supposons maintenant qu'il s'agisse d'un legs conçu dans des termes identiques à ceux de la stipulation précédente : « heres meus damnatus esto dare Titio decem aureos annuos, quoad is vivet ». L'interprétation de la formule telle que la donne ici le droit civil lui-même rendra l'intervention du préteur inutile. A la différence de la stipulation, le legs est multiple. En termes plus clairs, les diverses annuités sont réputées distinctes les unes des autres. Le legs se décompose en une série de legs successifs, le premier pur et simple et tous les autres subordonnés chacun à la condition de survie du légataire au début de l'année correspondante (L. 4 et 11, de annuis legatis, D., 33, 1). Le légataire a donc tous les ans à sa disposition une condictio certa dont la cause se trouve dans chaque legs certain devenu ferme par l'arrivée de la condition (L. 56, § 4, de verb. oblig., D., 45. 1). Enfin le legs s'évanouit de plein droit à la mort du légataire : « Simile legatum, dit Pomponius, morte legatarii finitur » (L. 16, § 1, de verb. oblig., D., 45, 5). Il suffit, pour expliquer cette décision, de rappeler les principes sur l'acquisition des legs conditionnels. La diei cessio de pareilles dispositions ne s'effectue qu'à l'époque de l'évènement de la condition, et le légataire mort avant le dies cedens ne transmet jamais son droit à ses héritiers. Les prestations correspondant aux années postérieures au décès du légataire n'ont donc jamais été dues, et c'est pourquoi l'héritier grevé de la rente n'a pas besoin d'invoquer une exception pour repousser la demande qu'intenteraient les successeurs du légataire.

Si maintenant l'on se demande la raison de ces deux systèmes d'interprétation tout à fait différents, il ne faut pas la chercher ailleurs que dans la considération suivante : les formules de stipulation sont choisies par les parties intéressées ; les formules de legs ne le sont pas. On conçoit donc que dans les stipulations, les termes de la formule déterminent rigoureusement, fût-ce même contrairement à la volonté réelle des parties, l'étendue juridique de l'obligation. « Au lieu de rechercher, dit M. Accarias, si les parties ont exprimé ce qu'elles voulaient, on présume qu'elles ont voulu ce qu'elles ont exprimé ». Dans les legs au contraire, on doit naturellement se préoccuper avant tout de l'intention du testateur, et c'est à sa volonté qu'on donne force de loi : « In testamentis plenius voluntates testantium interpretantur » (L. 12 et 17, de regulis juris., D., 50, 17).

SECONDE PARTIE

Des garanties de la créance des légataires.

SECTION I.

DE LA CAUTIO LEGATORUM.

L'action personnelle ex testamento, malgré la portée large qu'on doit lui reconnaître, ne constituait pas toujours, pour le droit du légataire, une sanction absolument efficace. L'héritier risquait en effet de devenir insolvable. Et le légataire, à la différence d'un créancier ordinaire, libre d'exiger des sûretés, n'avait pas pu se prémunir contre cette éventualité toujours menaçante. Le danger était surtout sensible, lorsque l'intéressé, pour obtenir l'exécution de son legs, devait attendre l'arrivée d'un terme ou l'événement d'une condition. La disposition fût-elle même pure et simple, le grevé pouvait encore, en soulevant une contestation soit sur sa validité, soit sur son étendue, retarder assez longtemps l'exécution du legs et dissiper dans l'intervalle les biens qui la garantissaient. C'est pour parer à ce danger, que le droit prétorien autorisa le légataire à réclamer immédiatement de l'héritier, sous le nom de cautio legato-

rum, une promesse personnelle accompagnée de satisdation (L. pr. D. ut leg. seu fid. 36.8).

La promesse personnelle fut nécessaire tant que les
Romains ne connurent d'autres formes de cautionnement que la sponsio et la fidepromissio: car les spon-
sores et les fidepromissiores ne pouvaient garantir que
des obligations contractées verbis. L'introduction de la
fidejussio, forme de cautionnement plus large, aurait
dû, semble-t-il, amener la suppression de la promesse
personnelle; le fidejussor en effet pouvait accéder à
toute espèce d'obligations, quelle qu'en fût la source juridique. La promesse personnelle devait néanmoins se
maintenir: elle avait, il est vrai, perdu son caractère de
nécessité, mais elle conservait une utilité qu'on ne saurait méconnaître. La clausula doli qu'elle devait toujours contenir (L. 1. pr. ut leg. D. 36.3), clause par laquelle le promettant se rend expressément responsable
de son dol, influait, en cas de procès, sur la rédaction de
la formule et modifiait sans aucun doute, dans une
certaine mesure, le caractère stricti juris de l'action ex
stipulatu. Nous n'hésiterions même pas à penser que la
promesse personnelle, avec la clause qu'imposait le
préteur, ne fût pas absolument étrangère à la tendance
de l'action ex testamento du droit civil à se rapprocher
des actions bonæ fidei.

Quoi qu'il en soit, c'était l'exigence d'un satisdatio
qui constituait le grand intérêt pratique de l'innovation
du préteur. Les fidéjusseurs prenaient envers le légataire le même engagement que l'héritier: dès lors l'insolvabilité de ce dernier risquait beaucoup moins de
compromettre l'exécution du droit du légataire (L. 7, ut in
poss. leg. C. VI. 54).

Le droit de demander la cautio legatorum forme la

règle générale. « Omnibus legatariis satisdari oportet »,
dit Ulpien (ut lega. sen fidei... l. 18. 3. D. 36.3).

Les légataires per vindicationem peuvent, aussi bien
que les légataires per damnationem, invoquer le bénéfice de la garantie prétorienne. Ils peuvent avoir à le
faire le même intérêt que les légataires ne jouissant que
d'un simple droit de créance. Seulement, et c'est une particularité qu'il faut relever, dans l'hypothèse d'un legs per
vindicationem, un des deux éléments de la caution, la
promesse personnelle ne se borne pas à renouveler, à consacrer une obligation antérieure dérivant du testament ;
elle crée véritablement un rapport d'obligation entre l'héritier et le légataire.

Il y a toutefois des cas assez nombreux qu'il convient
de signaler, où, pour une raison ou pour une autre, le
légataire ne peut exiger cette garantie.

1° Le testament contient une clause qui dispense expressément l'héritier de fournir caution au légataire (L. 12
et 18, pr. ut legat. D. 36.3 ; L. 27. ut legat. C.).

2° La loi dispense de la cautio, sauf disposition contraire
du testateur, le père et la mère ainsi que les frères et
sœurs du légataire. Le père et la mère perdent toutefois
leur privilège, s'ils convolent en secondes noces (L. 6. pr.
§ 1, ad senat. Treb. C. VI. 49).

3° Le fisc ne doit jamais la cautio, parce qu'il est réputé
toujours solvable : « fiscus solvendo semper censetur » (L.
1. § 18, ut leg. D. 36.3).

Il y a des cas où la dispense est moins absolue. C'est
ainsi que les villes débitrices d'une libéralité testamentaire ne sont pas tenues de fournir des fidéjusseurs ; elles
ne doivent qu'une cautio nuda (L. 6,1, ut leg. D. 36.3).
Il en est de même quand une personne doit un legs à une
autre qu'elle a fait sortir de sa puissance : mais en retour

elle est alors obligée de consentir une hypothèque sur ses biens (L. 7, ut leg. D. 36.3).

4° La cautio legatorum n'a pas raison d'être, lorsque le droit qu'elle serait destinée à sauvegarder ne saurait être compromis par l'héritier. Ainsi, le débiteur auquel le testateur a légué sa libération, étant par le fait même de la disposition nanti de son legs, n'a pas d'intérêt à réclamer la garantie prétorienne. Pour écarter la prétention de l'héritier qui le poursuivrait en paiement de l'ancienne dette, le légataire n'aura qu'à se prévaloir de l'exception de dol (L. 1, § 2, ut in poss. leg. D. 36.4).

5° Le légataire peut renoncer à la caution. Il y renonce tacitement, s'il ne l'exige pas avant d'intenter sa demande. Cependant, si le légataire ayant réussi dans son action, l'héritier appelle de la sentence, les choses étant alors remises en l'état, il est loisible au légataire de se protéger contre les risques qu'il peut courir et de réclamer la caution (L. 1. § ult. D. 48. 16).

6° Il va sans dire enfin que le légataire n'a pas droit à la caution, si c'est par son fait ou par sa faute que l'exécution du legs se trouve différée.

Fournie pour un legs conditionnel, la cautio legatorum s'évanouit lorsque, pendente conditione, le légataire décède ou sort d'une manière quelconque de la puissance à laquelle il était soumis au jour de l'engagement de l'héritier. Dans le premier cas en effet, il est certain que le droit au legs ne naîtra jamais; et dans le second, il ne saurait naître au profit de la personne qui a reçu la caution (L. 1, § 14 et 20, ut leg. D. 36.3).

Si la satisdation une fois fournie devient inefficace ou nulle par quelque cas fortuit, comme l'insolvabilité du fidéjusseur ou la confusion de sa personne avec celle du

créancier, elle doit être renouvelée (L. 6, ut poss, D. 36.4 ;
— L. 1, de stip. prœt. D. 46.5).

Le préteur devait, dans tous les cas, examiner sommai-
rement si ce n'était point par esprit de vexation que le légataire demandait caution. Le débiteur du legs pouvait
aussi provoquer une cognitio, engager de suite une instance sur le fond de la libéralité et se soustraire de la
sorte à l'obligation de fournir caution (L. 3, pr. et §1, ut
in poss. D. 36.4).

Si le legs n'était pas reconnu valable, il ne pouvait y
avoir lieu d'exiger la cautio ; dans le cas contraire, l'héritier était contraint de se libérer quand le legs était pur et
simple ; il ne devait une caution que si le legs était affecté
d'un terme ou d'une condition.

§ 1er

De la missio in possessionem bonorum defuncti.

Lorsque l'héritier ne répondait pas à la demande de
caution faite dans les termes de l'édit, le préteur envoyait
le demandeur en possession de tous les biens héréditaires
revenant au grevé (L. 5, § 1, ut leg. D. 36.3). Le refus par
les municipes de la promesse qui, pour eux, remplaçait la
caution, entraînait la même sanction (L. 12, ut in poss.
leg. D. 36.4). Toutefois, quand un enfant simplement
conçu, nasciturus, était grevé de libéralités testamentaires,
comme il était impossible d'exiger une stipulation de sa
part, il n'y avait lieu à aucun des envois en possession
dont nous allons parler (L. 7, ut in poss. leg. D. 36.4). Cet
envoi en possession, sanctionné par un interdit en vertu
duquel le bénéficiaire pouvait se faire aider de la force pu-

blique, attribuait à [celui qui l'obtenait la garde de tous les biens héréditaires auxquels avait droit l'héritier qui avait refusé la cautio. Si c'était un cohéritier, l'envoi en possession comprenait, avant le partage, sa part indivise de tous les biens. Cette situation pouvait gêner les cohéritiers qui n'étaient pas en faute, et, comme on ne cherchait que les moyens d'assurer l'exécution des legs, on admettait que l'un des cohériters avait le droit de fournir la caution pour un autre, afin de ne pas être embarrassé dans son administration par un tiers.

La missio in possessionem comprenait en général tous les biens auxquels le grevé pouvait prétendre à titre héréditaire. Lorsque les biens n'étaient pas susceptibles d'une possession matérielle, si c'étaient des actions par exemple, le légataire les possédait en ce sens qu'on en refusait l'exercice à l'héritier pour le conférer au légataire. Ce dernier ne pouvait toutefois exercer ces actions qu'en fournissant lui-même caution de rendre, au cas où son droit à la libéralité viendrait à s'évanouir (L. 5, § 29 et 30 et L. 10, ut in poss. leg. D. 36.4). Les biens distraits de la succession ou transformés par dol étaient également soumis, après examen des faits par le magistrat, à la possession du légataire, pourvu, bien entendu, qu'ils n'eussent pas été mis hors du commerce (L. 8 et L. 15, ut in poss. leg. D, 36.4).

La missio in possessionem pouvait être accordée conjointement à tous les légataires. Toutefois, chacun d'eux pouvait aussi se faire mettre de préférence en possession des biens spéciaux qui lui avaient été légués (L. 11, ut in poss. leg. D. 36.4). L'envoi en possession ne modifiait d'ailleurs en rien la loi du concours entre les légataires (L. 1, § 2, ut leg. seu fid. serv. D. 36.3). Il n'était, enfin, jamais prononcé qu'à titre purement conservatoire, et, par

suite, ne pouvait pas constituer une juste cause à l'effet d'u-
sucaper (L. 27, de reb. auct. jud. D. 42.5).

Le missus in possessionem, pour sûreté de son legs,
avait la garde, custodia, de la chose, et le droit très restreint de l'administrer, quand le grevé négligeait de le faire.
Il recueillait et détenait à titre de gage les fruits dont il
devait compte (L. 114, de leg. D. 30). Il les pouvait cependant consommer ; mais il devait alors les imputer sur les
intérêts de son legs et pour l'excédant, sur le capital du
legs lui-même. En cas de legs conditionnel, l'acquisition des
fruits, dans la mesure où le légataire en profitait, n'était,
de toute évidence, définitive, qu'autant que la condition se
réalisait (L. 5, § 21, ut in poss. D. 36.4). Le légataire ne
pouvait vendre ou faire vendre les objets soumis à la
missio que s'il y avait un intérêt majeur à procéder de
la sorte. Il devait alors s'adresser au magistrat, et, quand
les choses à vendre étaient autres que des fruits, faire
nommer un arbiter pour les réaliser (L. 5, § 22, ut in poss.
D. 36.4 ; — L. 27. D. 42.5).

L'envoi en possession préalable d'un créancier de l'héritier ne compromettait pas la situation des légataires, qui
conservaient le droit de se faire mettre en possession par le
préteur (L. 11, § 1, ut in poss. D. 36.4). Du reste, les deux
possessions ne présentaient pas le même caractère. La
missio du créancier formait le préliminaire de la vente des
biens du débiteur. La missio que le préteur accordait au
légataire avait principalement pour but de fatiguer l'héritier et de l'amener, pour se débarrasser de la gêne qu'il en
éprouvait, soit à fournir caution, soit à acquitter le legs
(L. 5, pr. ut in poss. D. 36.4).

§ 2.

De la missio in possessionem bonorum heredis.

En vertu d'une Constitution de l'empereur Antonin, si, dans les six mois du jour où les légataires ont formé régulièrement leur demande, il ne leur a pas été donné satisfaction, la missio pouvait être étendue sur les biens personnels de l'héritier avec les conséquences que nous avons signalées (Paul. IV. 1.17). Les légataires devaient de nouveau s'adresser au préteur. C'était, en effet, une mesure absolument indépendante de l'envoi en possession qu'entraînait le refus de donner la cautio legatorum. Cette sanction avait un caractère pénal; l'offre d'une caution ne suffisait pas pour y soustraire l'héritier. Celui-ci ne pouvait s'en préserver qu'autant qu'il avait acquitté la libéralité testamentaire. Aussi la dispense de fournir caution, dont l'héritier pouvait dans certains cas se prévaloir, n'enlevait pas au légataire le droit de se faire mettre en possession des biens propres du grevé. Mais, à raison du caractère spécial de cette missio, quand il n'y avait pas de négligence à punir, il n'y avait pas lieu non plus de recourir à ce moyen de coercition. C'est ainsi que l'impubère sans tuteur, le mineur sans curateur n'y sont pas exposés. La même idée nous explique qu'on ne fasse pas courir le délai de six mois, tant que la succession demeure jacente (L. 5, § 16-25, ut in poss. D. 36.4; — L. 3, § 1, ne vis fiat. D. 45.4; — L. 6, ut in poss. C. VI, 54).

Dans plusieurs de ses Constitutions, l'empereur Justinien dit que, par l'octroi de l'action réelle et de l'hypothèque tacite aux légataires, il a supprimé l'utilité d'une in rem missio qu'on accordait antérieurement dans certains cas et qu'il

entend, en conséquence, abolir cet envoi qu'il apprécie
très sévèrement. « In rem missionis tenebrosissimus error
abolitus est. » (L. 3, § 2, Com. de leg., C. VI, 43.) On s'est
appuyé sur ce passage et sur d'autres analogues pour prétendre que les missiones dont nous venons de parler
n'existaient plus dans le droit de Justinien. Sans vouloir
discuter la question, nous nous bornons à constater en
passant qu'il nous semble assez étrange que l'empereur,
deux ans après avoir abrogé la missio, se soit avisé de lui
consacrer encore trois titres assez étendus de sa compila-
tion. Nous inclinerions à croire que la missio visée par
Justinien est celle à laquelle se réfère un texte de Paul et
qui paraît avoir eu pour objet de restituer au légataire la
possession d'une chose indûment aliénée par l'héritier
(Paul, IV, 1.15).

SECTION II.

DE LA SEPARATIO BONORUM.

Le préteur avait introduit la cautio legatorum pour assurer le légataire contre le risque de l'insolvabilité posté-
rieure de l'héritier. Mais cette insolvabilité pouvait exister
dès l'époque de l'adition. Dans cette hypothèse, on le conçoit aisément, la disposition protectrice du droit prétorien
ne pouvait guère trouver son application. L'héritier, en
effet, à raison de sa situation, n'avait pas grande chance
de trouver des fidéjusseurs assez confiants pour garantir
l'accomplissement de son obligation. A supposer même
que l'insolvabilité du grevé ne survînt qu'assez longtemps
après l'adition, l'exécution de la libéralité testamentaire
pouvait encore être compromise, soit que le légataire eût

négligé de demander la cautio, soit que le droit de l'exiger
ne lui compétât pas. Dans l'un et l'autre cas sans doute,
les légataires avaient la ressource de saisir les biens de la
succession et les biens de l'héritier. Mais sur les premiers
comme sur les seconds, ils devaient subir le concours des
créanciers personnels de l'héritier ; et ce concours entraînait nécessairement en fait la réduction de leur droit. Pour
remédier à cette conséquence logique, mais rigoureuse, de
l'adition, le préteur permit aux légataires, de même qu'aux
créanciers du défunt, d'invoquer la bonorum separatio
contre les créanciers personnels de l'héritier. En vertu de
ce bénéfice, et comme les termes l'impliquent, les biens
héréditaires étaient affectés au désintéressement des seuls
bénéficiaires de la séparation des patrimoines, tandis que
les biens propres de l'héritier devenaient le gage de tous
autres ayants droit. De très sérieuses considérations d'é-
quité légitimaient l'innovation du préteur. Les créanciers
personnels de l'héritier ne sauraient avoir en effet, sur les
biens de la succession échue à leur débiteur, plus de droits
que leur débiteur lui-même dont ils sont les ayants cause.
Or, leur débiteur n'a de droit sur les biens de la succession
que sous l'obligation d'en acquitter toutes les charges ; ce
n'est que sous cette condition que les biens lui sont dé-
volus, c'est-à-dire sous la condition de payer sur ces biens
les dettes et les charges qui les grèvent et les diminuent
d'autant: « bona non intelliguntur nisi ære alieno deducto ».
Les créanciers personnels ne peuvent donc, pas plus que
l'héritier leur débiteur, prétendre exercer des droits sur
les biens héréditaires, tant que les créanciers de la succession n'auront pas été préalablement satisfaits. En d'autres
termes, les biens de la succession sont avant tout le gage
spécial des créanciers héréditaires et des légataires (L. 1,
pr. et L. 6 pr., § 1, D. de separat. 42.6).

. Les légataires qui veulent user du bénéfice de la separatio bonorum doivent s'adresser au préteur : c'est lui seul
à Rome, et le præses dans les provinces, qui peut accorder
la séparation des patrimoines. C'est le préteur lui-même
qui juge la cause : il ne la renvoie pas, comme dans les
affaires ordinaires, devant un judex. Il ne rend son décret
qu'après la vérification terminée, cognitâ causâ, comme
disent les textes (L. 1, § 14, de separat. D. 42.6).

Les intéressés ne peuvent pas, en tout état de cause,
invoquer le privilège de la séparation des patrimoines. Le
préteur ne fait droit à leur demande, qu'autant qu'elle
intervient à l'occasion de la venditio bonorum poursuivie
par les créanciers personnels de l'héritier (L. 1. § 1, de
separat. D. 42.6). Abstraction faite de cette condition primordiale, diverses causes que nous allons signaler peuvent encore faire obstacle à l'obtention de notre bénéfice.

1° *Confusion.* — Sous ce terme, nous n'entendons naturellement pas la confusion de droit qu'opère en principe
l'adition d'hérédité. La rédaction préalable d'un inventaire
n'était donc pas, comme l'ont prétendu certains praticiens
dont Faber se moque (de erroribus prag. dec. 2, er. 2, n° 10),
nécessaire pour qu'on pût obtenir la séparation des patrimoines. La confusion que nous avons en vue maintenant
est le résultat d'un pur état de fait. Pour que les intéressés
fassent séparer les biens du défunt de ceux de l'héritier, il
faut évidemment que les deux patrimoines soient encore
reconnaissables. Si les deux masses de biens ont été confondues en fait de manière à rendre toute distinction impossible, le légataire ne peut plus demander à se prévaloir
du bénéfice de la separatio bonorum (L. 1, § 12, de separat.
D. 42.6).

2° *Aliénation*. — Bien que soumis à l'éventualité de la séparation des patrimoines, l'héritier conservait, en vertu de son titre, le droit de disposer des valeurs héréditaires. Les légataires étaient obligés de respecter ces actes de disposition, à la condition, bien entendu, que l'héritier eût agi le bonne foi (L. 2, de separat. D. 42.6). Si l'aliénation avait été frauduleuse, les légataires pouvaient, en l'attaquant au moyen de l'action paulienne, faire rentrer les biens dans le patrimoine de l'héritier et reconstituer ainsi leur gage héréditaire.

Quand l'héritier avait, avant la separatio bonorum, touché le prix des biens héréditaires qu'il avait aliénés, la confusion qui s'était produite entre son patrimoine propre et la valeur représentative des biens aliénés écartait la possibilité de demander la séparation des patrimoines. Mais au cas où le prix restait dû par l'acquéreur, la confusion ne s'opérait pas effectivement. La créance de l'héritier contre l'acheteur pouvait dès lors être considérée comme une valeur héréditaire et rien ne s'opposait à ce que, la séparation intervenant, cette valeur fût consacrée d'abord à désintéresser les légataires (L. 22, de hered. pet. D. 5.3; — Cujacii opera, t. 4, col. 645 B ; — Donelli opera, lib. 23, ch. 16, n° 9 in fine).

Du reste, la confusion et l'aliénation n'entraînaient la perte du droit d'invoquer la séparation qu'autant qu'elles avaient porté sur toutes les valeurs héréditaires (L. 1, § 12 et L. 2, de separat. D. 42.6).

Il semble que l'héritier ayant le droit d'aliéner la pleine propriété devait avoir a fortiori la faculté de la démembrer. Les légataires étaient donc tenus de respecter les droits de gage ou d'hypothèque consentis sur les biens héréditaires et ne pouvaient pas plus inquiéter un créancier gagiste qu'un acheteur, réserve faite bien entendu de l'application de l'action paulienne. Mais en vertu d'un rescrit des empereurs Sévère et Antonin, la constitution d'un gage ou d'une hypothèque sur un bien de la succession ne dut plus préjudicier, comme l'aurait fait l'aliénation de ce même bien, au droit des légataires de réclamer, relativement à ce bien, la separatio bonorum (L. 1, § 3, de separ. D. 42.6). Le rescrit n'annulait pas l'hypothèque consentie dans ces conditions : il décidait seulement qu'elle ne pourrait produire d'effet qu'après le désintéressement des légataires séparatistes. Cette décision s'imposait : il eût été contraire à l'équité de laisser à l'héritier la faculté d'anéantir, en se hâtant de consentir des hypothèques, le gage des légataires, avant même que ces derniers aient eu le temps suffisant pour se mettre en mesure et faire connaître leur intention. D'ailleurs, comme Doneau le remarque, les biens ne sont pas sortis réellement du patrimoine de l'héritier ; on peut encore les reconnaître : « extat id adhuc in bonis et, ubi sit, intelligitur » (Donelli opera, t. 6, p. 161).

3° *Acceptation de l'héritier pour débiteur.* — La volonté de ne pas accepter l'héritier pour débiteur devait se manifester devant le magistrat, et ce dernier devait accueillir la demande : aussi cette volonté ne pouvait être présumée. Mais l'intention de suivre la foi de l'héritier pouvait, au contraire, s'induire de certains faits, et, lorsque ces faits se produisaient, la séparation des patrimoines ne pouvait plus être invoquée. Cette volonté d'accepter l'héritier comme débiteur s'induisait par exemple du fait que l'on avait traité avec lui, que l'on avait exigé et obtenu de lui des garanties, une caution, un gage ou toute autre sûreté (L. 1, §§ 10, 11, 15, de separat., D. 42, 6). Pour employer une formule générale, la déchéance était encourue toutes

les fois que le légataire avait fait avec l'héritier un acte
quelconque impliquant l'intention de l'accepter pour débiteur. Quant au point de savoir si cette intention est suffisamment manifeste, c'est une question de fait abandon-
née à l'appréciation souveraine du préteur qui ne rend
jamais le décret que cognita causa.

Les textes prennent soin de nous dire que le légataire
qui poursuit l'héritier en justice peut néanmoins obtenir la
séparation des patrimoines. Cette décision fait exception à
la règle que la litis contestatio entraîne dans certains cas
novation de l'obligation. Cette exception s'explique par un
motif d'équité. L'héritier est le seul représentant de la
succession : c'est à lui que le légataire doit nécessairement
s'adresser soit pour obtenir le paiement de son legs, soit
pour arrêter la prescription. Il est impossible de voir, dans
une pareille démarche, l'intention d'accepter l'héritier pour
débiteur : le légataire n'étant pas libre de procéder autrement, il n'existe pas la moindre raison pour le frapper
d'une déchéance (L. 7, de separat., D. 42, 6).

4° *Prescription.* — Quand les ayants droit laissaient
écouler cinq ans depuis l'adition, le préteur ne les admettait plus à demander la separatio bonorum. On pouvait
présumer, en effet, que les légataires avaient renoncé tacitement au droit d'invoquer le bénéfice que leur offrait le
préteur. L'extinction du droit s'expliquait en outre en ce
que, passé le délai de cinq ans, la confusion avait dû s'opérer entre les biens héréditaires et le patrimoine personnel
de l'héritier (L. 1, § 13, de separat., D. 42, 6).

Nous avons dit que la separatio bonorum avait pour résultat de faire distinguer deux masses de biens : la première comprenant les biens héréditaires et formant le gage
des créanciers ou légataires séparatistes ; la seconde com-

prenant tous les autres biens et constituant le gage des autres créanciers.

- Deux groupes d'intérêts bien distincts se trouvaient donc en présence :

1° Les créanciers personnels de l'héritier, qui avaient intérêt à contredire la séparation des patrimoines, mais qui, dans le cas de l'octroi de ce privilège, avaient intérêt à ce que tous les créanciers du défunt ou légataires vinssent s'en prévaloir.

2° Les créanciers héréditaires ou légataires avaient intérêt à obtenir la séparatio ; mais ceux qui l'avaient obtenue étaient intéressés à ce qu'elle ne profitât qu'au plus petit nombre possible d'ayants-droit ; ils devaient s'opposer à ce que le bénéfice de la séparation fût accordé à ceux qui avaient perdu le droit de le réclamer.

Le système logique aurait donc été d'obliger les créanciers du défunt et les légataires à demander la séparation des patrimoines par voie d'instance contre les créanciers personnels de l'héritier et ceux des autres créanciers héréditaires connus qu'ils pouvaient considérer comme déchus du droit de réclamer cette séparation.

La séparation, une fois obtenue, les ayants droit qui voulaient en profiter auraient dû se faire admettre en concours avec les séparatistes déjà en possession du patrimoine héréditaire, et agir contre eux s'ils refusaient de les admettre.

Les textes ne sont malheureusement guère explicites sur la procédure que les intéressés devaient suivre. Un point hors de doute, nous l'avons déjà vu, c'est que la demande en séparation ne pouvait se produire qu'à l'occasion de la venditio bonorum faite à la requête des créanciers personnels de l'héritier, et dont elle ne constituait qu'un incident (L. 1, § 1, de separat., D. 42, 6). De quelle manière maintenant la séparation des patrimoines se combinait-elle avec la procédure de la venditio bonorum? Le silence absolu des textes sur la question ne nous permet que des conjectures plus ou moins probables.

Si l'on suppose la séparation obtenue, comme la vente des biens d'un débiteur sous le droit classique se faisait en bloc et que ces biens étaient adjugés à l'enchérisseur offrant le dividende le plus élevé, calculé sur les sommes portées au passif, il ne pouvait pas suffire aux créanciers séparatistes de faire comprendre leurs créances dans le relevé du passif; ils n'auraient, en effet, obtenu qu'un tant pour cent de leurs créances, précisément égal à celui revenant aux créanciers exclus du bénéfice de séparation, résultat que, précisément, on voulait éviter.

Il était également impossible, dans un prix unique dû par le bonorum emptor, de démêler deux parts : l'une représentant les valeurs héréditaires; l'autre, l'importance des biens de l'héritier. Outre, en effet, que les textes ne nous indiquent ni par qui, ni sur quelles bases devait être effectuée cette ventilation, le fait même que le bonorum emptor devenait, par suite de l'adjudication, et dans la mesure du dividende offert par lui, débiteur personnel de chacune des personnes portées au passif, est en contradiction avec toute idée de ventilation.

Ces difficultés pratiques nous engagent à croire que la séparation des patrimoines devait être plus effective et amener une vente séparée des deux patrimoines. En conséquence, les séparatistes devaient, ou faire restreindre aux biens héréditaires la missio in possessionem demandée par eux, ou réclamer contre les créanciers de l'héritier déjà envoyés en possession, la distraction de tous les biens de la succession dont ils poursuivaient la vente isolée. Sans doute on nommait alors un magister spécial chargé d'organiser cette vente, de faire poser les affiches, de dresser le cahier des charges et de poursuivre, au nom des sépara- tistes, la réalisation des biens composant leur gage. La lex bonorum vendendorum ne devait indiquer que les créanciers du défunt ; si le tant pour cent obtenu était in- férieur à l'unité, les créanciers étaient seuls désintéressés partiellement ; si, au contraire, ce tant pour cent était su- périeur à l'unité, les sommes libres, après le désintéresse- ment des créanciers, revenaient aux légataires et leur étaient distribuées au prorata de leur droit.

Dans le dernier état du droit romain, l'antique venditio bonorum, vente en masse du patrimoine d'un débiteur, fut remplacée, comme moyen d'exécution, par la vente suc- cessive de chacun des biens. La procédure de la bonorum separatio dut nécessairement se modifier pour s'accom- moder au nouvel état de choses. Mais il nous est bien dif- ficile encore ici, pour ne pas dire impossible, de déterminer de quelle manière la séparation des patrimoines se com- binait avec la distractio bonorum : les textes sont absolu- ment muets à cet égard,

Dès que l'un des ayants droit avait obtenu la separatio bonorum, deux masses de biens étaient formées, nous l'avons dit, et affectées à l'acquittement d'intérêts distincts. Mais il ne suffit pas de s'arrêter à cette idée générale, et, pour bien préciser le rôle que jouait la séparation des pa- trimoines, il importe essentiellement de distinguer deux hypothèses :

1° *Les créanciers et les légataires ont été diligents à se prévaloir du bénéfice prétorien.* Dans ce cas, sur les valeurs comprises dans l'actif héréditaire et sur lesquelles portait la bonorum separatio, les créanciers étaient préférés aux légataires ; car la séparation avait pour effet de maintenir la situation des ayants droit, telle qu'elle existait au moment du décès : « Legatarios autem in ea tantum parte, quæ de bonis servari potuit, habere pignoris causam convenit » (L. 4, § 1, de separat., D. 42, 6). En l'absence de la séparation des patrimoines, le droit des légataires se réglait d'après l'excédent existant, déduction faite des dettes, dans le patrimoine héréditaire, au moment de la mort du de cujus. En cas de séparation, au contraire, ce droit ne se déterminait qu'à l'époque de la bonorum venditio, d'après l'excédent existant alors, de sorte que dans notre hypothèse, et surtout dans la théorie de Paul et d'Ulpien sur les conséquences de la separatio, la diminution des valeurs héréditaires pouvait être préjudiciable aux légataires.

C'est peut-être ici le lieu de rechercher quelle influence exerçait l'octroi de la séparation des patrimoines sur les relations juridiques des légataires et de l'héritier. Les légataires ont, nous l'avons vu, comme tous autres créanciers, le patrimoine entier de l'héritier leur débiteur pour garantie de leur droit. S'ils invoquent le bénéfice de la separatio bonorum, ils restreignent leur gage aux seuls biens héréditaires, avec l'avantage en retour, de les faire consacrer à leur désintéressement, à l'exclusion des créanciers personnels de l'héritier. Mais cette limitation de gage que produit la séparation des patrimoines, fallait-il la considérer comme passagère, ou comme définitive, comme irrévocable? En termes plus clairs et plus précis, les légataires, en obtenant le privilège de la séparation, perdaient-ils à jamais le droit d'exercer des poursuites sur les biens personnels de l'héritier? La question était susceptible d'offrir un sérieux intérêt. Ainsi, le testateur était mort solvable : nous devons le supposer, puisque autrement les légataires n'auraient rien à prétendre. A l'époque de l'adition, l'héritier était insolvable et, pour se garantir contre les conséquences de cette insolvabilité, les légataires ont demandé la separatio bonorum. Mais depuis, la succession, par suite de cas fortuits, s'est trouvée de beaucoup réduite, tandis qu'au contraire l'héritier revenait à meilleure fortune. L'héritier, dans ces conditions, a pu désintéresser intégralement ses créanciers. Il lui reste encore, nous le supposons, assez de ressources pour acquitter les legs. Les légataires séparatistes pourront-ils exercer un recours sur ses biens personnels? Ce n'est pas sous cette formule restreinte, nous le reconnaissons, que les jurisconsultes romains ont posé précisément la question. Dans leur discussion sur ce sujet, il se réfèrent d'une manière générale aux créanciers héréditaires. Mais sous ce terme, les textes nous en préviennent, on doit entendre non seulement les créanciers du défunt, mais encore les légataires eux-mêmes: « hereditariarum actionum loco habentur et legata, quamvis ab herede cœperint » (L. 40. de obl. et act. D. 44.7).

Les créanciers, dit Paul, en demandant la séparation des patrimoines, ont manifesté clairement leur intention de ne pas accepter l'héritier pour débiteur: « recesserunt a persona heredis ». On ne comprend pas qu'ils viennent réclamer quoi que ce soit sur des biens qu'ils ont refusé de recevoir pour leur gage: « separatio enim eos ab istis bonis separavit » (L. 5, de separat. D. 42.6).

Ulpien admet en principe la doctrine de Paul. Il apporte toutefois un tempérament à la règle dans un cas particulier. Si l'erreur dans laquelle sont tombés les créanciers en demandant la séparation est légitime, si les circonstances leur sont très favorables, ils pourront obtenir du préteur une in integrum restitutio qui effacera tous les effets de la séparation (L. 1, § 17, de separat. D. 42.6).

Papinien professe une opinion toute différente. Il admet

les créanciers héréditaires, quand la succession est insuf-
fisante, à poursuivre les biens de l'héritier, après le désintéressement complet bien entendu des créanciers personnels de ce dernier. « Probari commodius est, dit le
grand juriconsulte, ut si solidum ex hereditate servari non
possit, ità demùm aliquid ex bonis heredis ferat, si pro-
prii creditores heredis fuerint dimissi » (L. 3, § 2, de separat. D. 42.6). Pour donner cette décision, il s'inspire sans
doute de cette idée, que la séparation des patrimoines a
été introduite en faveur des créanciers de la succession, et
que c'est détourner cette institution de son but, que de
la maintenir au détriment des créanciers héréditaires, de
l'invoquer pour les empêcher de recevoir un paiement in-
tégral. D'un autre côté, lorsque les créanciers séparatistes
ont été payés, les effets de la séparation cessent, tout le
monde le reconnaît, et les créanciers personnels de l'héritier profitent alors de l'excédent de la succession (L. 1, § 17,
de separat. D. 42.6). Réciproquement, ce n'est que justice
d'admettre que la séparation doit disparaître, quand les
créanciers personnels de l'héritier sont désintéressés. L'a-
dition, jusque-là suspendue, peut alors produire toutes ses
conséquences.

De nombreux interprètes ont essayé de concilier les solutions émises par Paul et Ulpien d'une part et par Papinien de l'autre. Les uns prétendent que Paul vise l'hypothèse où les créanciers personnels de l'héritier ne sont pas
encore désintéressés, tandis que Papinien suppose que ces
créanciers ont touché tout ce qui leur est dû (Voët, ad Pand.
42.6, § 3). D'autres soutiennent que Papinien ne prévoit
que le cas où c'est par suite d'une erreur excusable que
les créanciers ont demandé la séparation (Noodt, com. ad.
tit. de sep. n° 3).

Ces diverses conciliations sont inacceptables (Cujacii-

opera, ad leg. 3, § 2, de separ. in lib. 27. Quæst. Pap.). Les textes cités se réfèrent à la même hypothèse ; les jurisconsultes examinent la même question, et s'ils ne s'accordent pas à lui donner une solution identique, c'est qu'ils ne se placent pas au même point de vue. Papinien s'inspire de considérations d'équité; Paul au contraire, de même qu'Ulpien, envisage exclusivement le côté juridique du problème. Cette observation doit suffire pour expliquer l'antinomie que nous avons constatée.

Ce qu'il importe de remarquer, c'est que l'opinion de Papinien ne semble pas avoir prévalu ; ce qui nous autorise à le croire, c'est que Paul et Ulpien, qui lui sont tous les deux postérieurs, s'accordent à la repousser. Dans le système de ces jurisconsultes, la separatio bonorum entraînait donc la perte de l'action personnelle que les légataires avaient contre l'héritier. C'était attacher au bénéfice prétorien un inconvénient que l'on peut juger assez grave, si l'on se reporte à l'espèce que nous avons posée plus haut.

Les légataires ainsi que les autres ayants droit à la séparation des patrimoines ne pouvaient la demander qu'à l'égard d'un héritier en déconfiture et dont les biens allaient être vendus. Il convient cependant de remarquer que si les créanciers de l'héritier ne poursuivaient pas la vente des biens de leur débiteur, les légataires n'étaient pas pour cela désarmés. Ils pouvaient, en effet, poursuivre l'héritier, obtenir contre lui condamnation et poursuive la vente des biens en leur nom personnel, sauf à restreindre alors leur droit aux seuls biens héréditaires. Seulement, et cela constituait un inconvénient que nous devons signaler, les légataires à terme ou sous condition étaient obligés d'attendre les poursuites provoquées par des créanciers ou des légataires ayant un droit alors exigible, et pouvaient craindre que dans l'intervalle leur situation ne fût compromise. Ce n'était là toutefois, il faut le dire, qu'un danger peu sérieux ; car il était probable, si l'héritier ne présentait pas grande garantie de solvabilité, que quelqu'un des autres intéressés agirait aussitôt et fournirait de la sorte au légataire à terme ou sous condition, l'occasion d'invoquer le bénéfice de la separatio bonorum......

2° Les *légataires seuls ont invoqué la bonorum separatio*. — L'obtention de ce bénéfice modifiera-t-elle les situations respectives des légataires et des créanciers du défunt. En d'autres termes, les légataires pourront-ils, à raison de la précaution qu'ils ont prise, se prévaloir de la séparation des patrimoines à l'encontre des créanciers héréditaires ? Si l'on répond négativement, les légataires ne seront payés que sur l'excédent libre, après le désintéressement des créanciers, à l'époque de la venditio bonorum. Que l'on admette au contraire l'affirmative, le droit des légataires se fixera, comme si personne n'avait invoqué la séparation, au moment de la mort du de cujus, et le sort des legs restera dès lors indépendant des variations de valeur que pourra subir le patrimoine du défunt, resté, nous le supposons, au moins égal au montant des legs. Les légataires seront donc payés par cela seul que le patrimoine héréditaire était, à l'envisager au décès du testateur, et déduction faite des dettes, suffisant pour les désintéresser. Peu leur importe que le patrimoine se trouve réduit et ne suffise plus à désintéresser créanciers et légataires : c'était aux créanciers du défunt à se montrer diligents, s'ils tenaient à conserver leur droit de préférence à l'égard des légataires jusqu'à la venditio bonorum.

Laquelle de ces deux solutions faut-il accepter ? En l'absence de textes, nous hésitons à nous prononcer d'une manière catégorique. On a l'habitude de dire à ce propos que

la séparation des patrimoines n'était point, à Rome, une
mesure individuelle comme dans notre droit français, mais
constituait une mesure collective. Qu'elle fût collective
quant aux biens, personne ne le conteste. Elle était également, ajoute-t-on, collective quant aux personnes : dès
lors l'envoi en possession prononcé sur la demande d'un
seul profitait à tous. Si donc un légataire a été missus in
possessionem et qu'il fasse vendre, il devra respecter le
droit des créanciers, lors même que ceux-ci n'ont pas réclamé l'envoi. C'est grâce à ce raisonnement qu'on arrive
à conclure que les créanciers héréditaires pourront, en dépit de leur négligence, se prévaloir de la séparation des
patrimoines à l'encontre des légataires qui, seuls, l'ont
invoquée. Nous déclarons, malgré la réserve que nous
impose l'absence de textes, qu'une telle conclusion nous
paraît téméraire. Quand on dit que la separatio bonorum
était, en droit romain, collective quant aux personnes, on
formule une proposition beaucoup trop large. Personne,
en effet, ne soutient que les créanciers héréditaires ayant
accepté l'héritier pour débiteur puissent invoquer à l'encontre des créanciers personnels de ce dernier la separatio
bonorum obtenue par les légataires. Pourraient-ils s'en
prévaloir à l'encontre des légataires? La prétention serait
assez étrange, ainsi que l'a fait remarquer M. Valette dans
son rapport sur le concours de 1862. « Comment comprendre, disait le savant professeur, que ceux qui ont suivi
la foi de l'héritier et l'ont accepté pour débiteur, puissent
être colloqués sur les biens du défunt au préjudice de ceux
qui s'en tiennent à ces mêmes biens et ne veulent rien
avoir de commun avec l'héritier »? Comment admettre que
le bénéfice de la séparation réclamé par les légataires
puisse se retourner contre eux et leur être opposé par les
créanciers héréditaires qui ne se sont pas souciés de l'invo-

quer? Ce résultat serait d'autant plus regrettable que ces légataires diligents que primeraient les créanciers héréditaires sur les biens de la succession, seraient de plus, dans le système de Paul et d'Ulpien, privés de tout droit sur les biens personnels de l'héritier, en sorte que la séparation des patrimoines par eux obtenue leur serait doublement préjudiciable. Nous croyons donc devoir décider dans notre hypothèse que les légataires seront admis à se prévaloir de la séparation aussi bien à l'encontre des créanciers du défunt qu'à l'encontre des créanciers de l'héritier, et qu'ils pourront se faire payer les premiers sur les biens de la succession.

Le légataire, en obtenant la séparation des patrimoines, s'assurait donc, sur les biens de la succession, un droit de préférence opposable parfois même aux créanciers du défunt et, dans tous les cas, aux créanciers personnels de l'héritier. On doit, en outre, admettre qu'il jouissait sur ces mêmes biens d'un certain droit de suite. N'est-ce pas, en effet, ce que décidait Papinien lui-même, lorsqu'il maintenait seulement les actes faits de bonne foi par l'héritier, medio tempore, dans l'intervalle de l'adition à la demande en séparation, reconnaissant ainsi qu'à dater de la demande en séparation, l'héritier ne devait plus pouvoir rien faire au préjudice du droit des cranciers héréditaires? (L. 2, de separat., D., 42, 6). Le légataire trouvait donc dans la separatio bonorum, quand il en avait obtenu le bénéfice, de très sérieuses garanties. Seulement, il importe de bien le remarquer, car c'est en cela que consistait l'insuffisance du remède prétorien, l'héritier avait le moyen de rendre non recevable la demande en séparation, ou du moins d'en restreindre singulièrement la portée. Tant que les légataires n'avaient pas manifesté leur intention d'invoquer la séparation des patrimoines, l'héritier conservait,

en effet, nous l'avons vu, le droit d'aliéner les valeurs héréditaires. Il pouvait donc vendre les biens à vil prix ou
s'en faire payer le prix hâtivement, afin de produire une
confusion qui mît obstacle à la separatio bonorum. Le
danger était évident, et l'exercice difficile de l'action paulienne ne l'atténuait que dans une faible mesure. C'est
pour combler cette lacune de l'institution prétorienne, pour
garantir le plus fortement possible l'exécution des legs,
que Justinien conféra, sur les biens de la succession, une
hypothèque aux légataires.

SECTION III.

HYPOTHÈQUE LÉGALE DES LÉGATAIRES.

C'est dans la constitution célèbre qui ramenait tous les
legs à la même classe que Justinien accorda d'une manière
expresse aux légataires une hypothèque sur les biens de la
succession (L. 1, Com. de leg., C. VI, 43). Il ne faudrait pas
croire, du reste, que Justinien innovât de toutes pièces en
instituant cette hypothèque. Il ne fit, comme il le déclare
lui-même, que sanctionner par une disposition législative
une pratique plus ou moins ancienne et assez générale :
« Cum enim jam hoc jure nostro increbuit licere testatori
hypothecam rerum suarum in testamento quibus voluerit
dare. »

Il ne sera peut-être pas sans intérêt de rechercher les
précédents historiques qui préparèrent l'innovation de Justinien. Comme nous l'avons vu, le préteur s'était soucié de
bonne heure de la situation faite aux légataires à terme ou
sous condition. En présence de l'héritier qui, nanti de la succession, pouvait abuser de cette possession, il contraignait

donc l'héritier à fournir caution. Mais il était un genre de legs auquel la garantie prétorienne de la cautio s'adaptait mal. Quand il s'agissait de legs d'aliments, ces annua legata dont les textes font si souvent mention, l'héritier devait, en effet, trouver difficilement une caution qui voulût s'engager à garantir l'exécution de prestations dont la durée et par suite l'importance étaient trop incertaines. Dans ce cas, pour assurer l'exécution des legs, le testateur assignait aux légataires un fonds dont les revenus devaient leur fournir les aliments qu'il entendait leur léguer. En vertu d'un fidéicommis accompagnant la disposition, l'héritier était tenu de leur en transférer la propriété, comme en témoigne un extrait du testament de Dasumius (L. 8, § 15, de transact., D., 2, 15). Cet arrangement n'était avantageux ni pour les légataires aux besoins desquels les revenus du fonds risquaient de ne pas suffire, ni pour l'héritier définitivement privé de la propriété du fonds. Les inconvénients de ce procédé durent provoquer de bonne heure une combinaison juridique qui conciliait mieux les intérêts respectifs des légataires et de l'héritier, en considérant le fundus ad alimenta relictus comme garantissant hypothécairement la créance des légataires. La commodité du procédé contribua vite sans doute à le généraliser, et Justinien ne fit que lui donner la consécration législative.

L'empereur fonde l'hypothèque légale sur une présomption de volonté du testateur : cé dernier aurait pu, sans aucun doute, pour assurer l'exécution de ses dernières volontés, garantir le legs par une concession formelle d'hypothèque sur ses biens; il est permis de supposer qu'il a sous-entendu cette concession (L. 26, de pignorat. act. D. 13.7). Il résulte de là que le légataire ne pouvait se prévaloir de l'hypothèque légale, quand le testateur avait exprimé catégoriquement une volonté contraire. Sauf cette réserve, tous les légataires, quels qu'ils fussent, pouvaient invoquer l'hypothèque légale. Elle formait en effet l'accessoire de l'action personnelle dont Justinien avait investi tous les légataires sans distinction. Il convient cependant de le remarquer, l'institution de Justinien ne présentait pas, dans tous les cas, un intérêt pratique égal. Toutes les fois que les principes juridiques permettaient au légataire d'exercer la rei vindicatio, l'hypothèque pouvait être considérée comme une superfétation. Le légataire, en effet, n'avait pas besoin de s'en prévaloir pour assurer l'exécution de son droit : pour échapper au concours des créanciers de l'héritier, ou pour saisir l'objet du legs entre les mains de tiers détenteurs, la revendication lui suffisait amplement. Il avait pourtant intérêt à l'invoquer, si l'objet du legs avait subi des détériorations ou péri par la faute de l'héritier : la responsabilité que ce dernier avait encourue de ce chef envers le légataire, risquait moins, grâce au bénéfice de l'hypothèque, de devenir illusoire. Mais, c'était surtout au cas où le légataire n'avait, en raison du caractère de la disposition, jamais eu qu'un simple droit de créance, que l'hypothèque offrait un avantage incontestable.

Quant à la date de cette hypothèque, que faut-il décider? L'hypothèque prend-elle naissance à l'époque du décès du testateur, ou bien seulement au moment de l'adition d'hérédité? Le légataire a sans doute, dès la mort du testateur, un droit acquis à l'hypothèque, et, décédât-il lui-même avant l'adition, ce droit n'en serait pas moins, à ce moment, transmis à ses héritiers. Mais il faut reconnaître que l'hypothèque, en tant que droit réel, n'est constituée qu'à l'adition d'hérédité. L'hypothèque, en effet, ne peut, à raison de sa nature même, exister avant le droit principal dont elle est l'accessoire, et, comme l'action personnelle qu'elle a pour but de garantir, c'est au moment de l'adition que prend naissance l'hypothèque des légataires.

Sur quels biens l'hypothèque des légataires porte-t-elle? Sur tous les biens héréditaires, mais sur eux seuls; elle ne frappe jamais les biens personnels de l'héritier. Le texte suivant est très catégorique sur ce point : « hypothecam esse non ipsius heredis rerum, sed tantummodo earum quæ a testatore ad eum pervenerint » (L. 1, in fine, Com. de leg. C. VI, 43).

Mais, si l'on suppose plusieurs institués, dans quelle mesure chacun sera-t-il hypothécairement tenu? La question est importante et mérite qu'on s'y arrête.

L'obligation de l'héritier envers les légataires est une obligation qui naît en sa personne, une obligation qu'il n'a pas recueillie dans la succession du de cujus. Il ressort de là que chaque héritier ne doit être hypothécairement tenu que dans la mesure pour laquelle il est obligé personnellement au legs, en général donc, pour sa part héréditaire (L. 33 pr. de leg. D. 31). Qu'une personne meure laissant deux héritiers et un créancier hypothécaire de 50. Ce dernier aura le droit d'exiger, en vertu de son hypothèque, 50 de l'un ou de l'autre héritier; c'est une conséquence forcée du caractère d'indivisibilité de l'hypothèque et personne ne la conteste. Le créancier avait le droit d'exiger 50 du de cujus; il a le même droit contre tout détenteur du bien hypothéqué. Prenons maintenant l'hypothèse suivante : Titius a institué deux héritiers, Primus et Secundus, pour parts égales, et légué 10000 sesterces à Séius. La fortune du testateur se compose du fonds Cornélien et du fonds Sempronien qui sont de même valeur. Séius n'a jamais été créancier du de cujus; il est devenu simplement créancier de chacun des héritiers pour une somme de 5000 sesterces. En agissant par l'action personnelle, il pourra donc demander 5000 sesterces à chacun des héritiers ; s'il invoque son hypothèque légale contre l'un ou l'autre, il ne pourra demême leur réclamer à chacun que 5000 sesterces. Telle est la solution qui se dégage clairement des termes mêmes de la Constitution de Justinien : « in omnibus autem hujusmodi casibus, in tantum et hypothecaria unumquemque conveniri volumus in quantum personalis actio adversus eum competit » (L. 1. Com. de leg. C, VI, 43). Cette décision ne constitue pas du reste une dérogation au principe de l'indivisibilité de l'hypothèque, et il peut paraître étrange qu'on ait méconnu cette idée. Quand deux débiteurs doivent hypothécairement chacun 100 à un même créancier, personne ne s'est jamais avisé de prétendre que l'un des débiteurs pût être tenu de 200, qu'une réversibilité quelconque pût avoir lieu d'une obligation sur l'autre. Or, les deux héritiers dont nous parlions tout à l'heure, sont, à l'égard de Séius, dans une situation absolument analogue à celle de ces débiteurs étrangers l'un à l'autre. On ne s'expliquerait guère pourquoi les deux situations ne comporteraient pas une même solution. Ce point de droit, d'ailleurs, ne fait plus doute pour les romanistes modernes et l'on admet sans hésitation que l'action hypothécaire du légataire contre les héritiers a le même quantum que l'action personnelle.

Mais la constitution de Justinien soulève une difficulté plus sérieuse. La décision que formule l'empereur est-elle absolue ? Comporte-t-elle, au contraire, une distinction fondée sur la combinaison de plusieurs principes juridiques ? En d'autres termes, et pour mieux préciser la question, la décision de Justinien doit-elle être maintenue comme exacte, si l'on suppose que le légataire n'a recours à l'action hypothécaire qu'après le partage de la succession. C'est ici qu'éclate la divergence entre les commentateurs. La plupart, et c'est à leur système que nous nous rallions, estiment qu'il faut restreindre la solution de Justinien à l'époque qui précède le partage. Voyons, disent-ils, quelle est, antérieurement au partage, la situation respective des héritiers et du légataire. Primus est propriétaire de la moitié indivise du fonds Cornélien et de la moitié indivise du fonds Sempronien; et chacune de ces deux moitiés indivises est grevée d'une hypothèque pour sûreté d'une créance de 5000 sesterces. Secundus est également propriétaire de deux moitiés indivises dans les deux fonds et ces deux moitiés indivises sont de même grevées chacune d'une hypothèque pour une valeur de 5000 sesterces. Supposons maintenant que le partage intervienne et attribue le fonds Cornélien à Primus. Séius, le légataire, est alors en droit de dire à Primus, en le menaçant de l'exercice de l'action hypothécaire : « Payez la totalité du legs, soit 10000 sesterces, ou délaissez l'immeuble. » Pour la part en effet qui lui revient sur le fonds Cornélien, à titre d'héritier, Primus demeure hypothécairement tenu jusqu'à concurrence de la fraction du legs à sa charge personnelle; de plus, la part qu'il acquiert au partage du chef de Secundus, son cohéritier, ne passe dans son patrimoine qu'avec l'hypothèque garantissant la fracttion de dete dont son auteur est personnellement tenu. En conséquence, après le partage, chaque cohéritier détenteur d'un bien de la succession peut être poursuivi hypothécairement sur ce bien pour la totalité du legs. Tel est le résultat juridique auquel conduit nécessairement l'application du caractère translatif que présente le partage en droit romain. Ce résultat, d'ailleurs, comme on l'a fait très justement remarquer, n'offre rien d'inique ; car les cohéritiers pouvaient, avant de procéder au partage, ou payer le légataire ou se fournir des sûretés réciproques.

Toutefois quelques auteurs refusent de reconnaître la conséquence que nous venons de relever. Ils prétendent que Justinien a soumis à des règles spéciales l'hypothèque légale des légataires et soutiennent que cette hypothèque ne grève jamais les biens mis au lot de chaque héritier que jusqu'à concurrence de la somme dont il est tenu personnellement. Titius, dit M. Jourdan sur l'hypothèse prévue plus haut, a pu faire au légataire la situation qu'il lui plaît. Il lui a dit : « Je vous lègue 10000 sesterces ; je laisse les fonds Cornélien et Sempronien de valeur égale ; je prévois que chacun de mes héritiers prendra l'un de ces fonds : eh bien ! vous aurez contre Primus une créance de 5000, garantie par une hypothèque sur le fonds Cornélien, et contre Secundus une créance de 5000, garantie par une hypothèque sur le fonds Sempronien ». Que le testateur, continue M. Jourdan, ait pu faire les choses ainsi, cela n'est pas douteux ; et c'est précisément l'intention que lui prête la Constitution de Justinien. Il est évident que l'empereur (in omnibus autem...) a tenu à déroger en quelque sorte à ce qui se passe d'ordinaire, lorsqu'il y a plusieurs héritiers tenus à la fois personnellement et hypothécairement : or en quoi peut consister la dérogation, si ce n'est dans la solution que je viens de donner (Jourdan, hypoth., p. 409). Que le testateur ait pu régler les choses, comme M. Jourdan l'avance, qu'il ait pu modifier, dans le droit d'hypothèque qu'il attribuait, certains éléments qui sont de sa nature, mais non de son essence, nous l'admettons à la rigueur. Et pourtant il nous semble assez bizarre que le testateur puisse créer au profit du légataire une hypothèque testamentaire dont le droit de suite est pour ainsi dire paralysé jusqu'au partage. En tout cas, faudrait-il encore prouver que le testateur a voulu restreindre ainsi les effets ordinaires de l'hypothèque. Or, quand un testa-

teur confère une garantie hypothécaire, n'est-il pas souve-
rainement raisonnable de penser, jusqu'à preuve contraire, que le testateur a voulu que cette garantie produisît
les conséquences naturelles de l'hypothèque. S'il en est
ainsi, quelle force peut avoir l'argument tiré de ce que
Justinien a voulu se conformer à l'intention probable du
testateur ? Aucune. Justinien sans doute, à titre de législateur, aurait pu créer une hypothèque ainsi mutilée ;
mais, sauf explication catégorique, qui conserve le mot,
maintient la chose. Pour rendre acceptable la thèse de
M. Jourdan, il faudrait prétendre que Justinien entre-
voyait la théorie moderne de l'effet déclaratif du partage :
mais ce ne serait là qu'une conjecture téméraire dont
aucun texte n'appuie la vraisemblance. A l'appui de son
système, M. Jourdan invoque l'antinomie qu'on peut
constater entre les termes de la Constitution de Justinien
et ceux d'une Constitution de Dioclétien : « Actio quidem
personalis inter heredes pro singulis portionibus quæsita
scinditur, pignoris autem jure multis obligatis rebus quas
diversi possident, cum ejus vindicatio non personam
obliget, sed rem sequatur; qui possident tenentes non pro
modo singularum rerum substantiæ convenientur, sed in
solidum, ut vel totum debitum reddant, vel eo quod deti-
nent cedant. » (L. 2, C. VIII, 32). « On dirait vraiment,
dit M. Jourdan, que Justinien, quand il dictait sa Constitution, avait sous les yeux celle de Dioclétien et qu'il en
prenait le contrepied précisément à raison de la différence
des situations. » Le parallèle ne nous semble pas conduire
nécessairement à cette conclusion. Que les deux situations
soient différentes, nous n'hésitons certes pas à le reconnaître. Mais qu'importe, si l'application de différents
principes certains aboutit à produire le même résultat juridique. La Constitution de Dioclétien prévoit l'hypothèse

où le créancier héréditaire était, antérieurement au décès, titulaire d'un droit garanti par une hypothèque sur les biens du de cujus. Dans ce cas, la décision de Dioclétien ne fait que formuler une conséquence du caractère d'indivisibilité de l'hypothèque. Mais, dans les relations des cohéritiers et des légataires, la même décision s'impose en raison de l'effet translatif du partage.

Pour bien préciser quelle est après le partage l'étendue de l'action hypothécaire, il nous reste à présenter une observation intéressante. Dans l'hypotnèse citée plus haut, le fonds Cornélien dont Primus, à la suite du partage, est devenu propriétaire exclusif, n'est pas grevé d'une hypothèque de 10000. La vérité est que les deux moitiés indivisés du fonds sont grevées respectivement d'une hypothèque de 5000. Dans ces conditions, Primus, s'il s'est acquitté de la part du legs à sa charge personnelle, c'est-à-dire de 5000, ne pourra pas être contraint de payer la seconde moitié du legs ou de délaisser l'immeuble tout entier. Séius qui a touché la moitié de son legs n'a pas le droit de dire à Primus : « Payez les 5000 sesterces qui me restent dûs ou délaissez le fonds tout entier » ; il ne peut que lui dire : payez les 5000 sesterces qui me restent dus ou délaissez la moitié indivise du fonds Cornélien. Si Primus préfère délaisser, il se mettra ainsi dans l'indivision avec Séius.

L'art. 1017 du Code civil a consacré la solution que nous venons de reproduire : « Les héritiers du testateur ou autres débiteurs d'un legs seront personnellement tenus de l'acquitter, au prorata de la part et portion dont ils profiteront dans la succession. Ils en seront tenus hypothécairement pour le tout, jusqu'à concurrence de la valeur des immeubles de la succession dont ils seront détenteurs. » Mais, il faut bien l'avouer, cette décision que comportait nécessairement le caractère translatif du partage en droit romain n'a plus la même orthodoxie juridique en droit français. Dans notre ancien droit, des autorités considérables l'avaient rejetée. Dumoulin, Cujas, Henrys, Ricard, Pothier soutenaient que les héritiers ne sont tenus que jusqu'à concurrence de leur portion héréditaire, conformément à la Constitution de Justinien que la théorie nouvelle de l'effet déclaratif du partage permettait d'appliquer sans distinction. Pothier est très explicite à cet égard. « Les dettes, dit-il, ont été contractées pour le total par le défunt qui y a hypothéqué tous et chacun de ses biens, et par conséquent, chaque portion des biens auxquels chaque héritier succède, se trouve hypothéquée au total de la dette. Au contraire, l'obligation qui résulte des legs n'a été contractée que divisément, dès son commencement, par chacun des héritiers qui en sont tenus ; et par conséquent, la partie des biens auxquels chacun a succédé, ne peut être hypothéquée qu'à la part dont il est tenu des legs. » (Introduction au titre XVI de la Coutume d'Orléans). Voilà la vraie théorie juridique, et il est permis de regretter que le Code n'ait pas suivi sur ce point la doctrine de son guide habituel.

L'hypothèque légale constituait pour les légataires une garantie très énergique, quand la succession comprenait des immeubles ou des meubles facilement reconnaissables. Elle leur assurait sur ces biens un droit de préférence et un droit de suite dont ils jouissaient ipso jure dès l'adition d'hérédité. De plus, elle avait l'avantage d'échapper aux causes spéciales d'extinction qui menaçaient la bonorum separatio. L'introduction de l'hypothèque n'avait pas d'ailleurs enlevé tout intérêt à la séparation des patrimoines, et les légataires pouvaient encore en invoquer le bénéfice.

Pour apprécier exactement jusqu'à quel point l'hypo-

thèque légale était utile aux légataires, dans quelle mesure elle garantissait leur droit, il importe maintenant de
distinguer plusieurs hypothèses :

1° *La séparation des patrimoines n'avait pas été prononcée.* — Dans ce cas, les légataires n'avaient, en général,
guère à craindre. Il était fort probable, en effet, que l'héritier était solvable, puisque tous les intéressés avaient
suivi sa foi. Cependant il pouvait arriver qu'il n'en fût
pas ainsi. Les légataires avaient alors la ressource, en
vertu de leur droit de préférence, de primer sur les biens
héréditaires les créanciers personnels de l'héritier et de se
faire payer avant eux. Pouvaient-ils agir de même à
l'encontre des créanciers du défunt? Au premier abord, il
semble bien résulter d'une constitution de Justinien que
les créanciers héréditaires avaient le droit absolu d'empêcher que les légataires pussent rien toucher d'une manière
définitive avant leur complet désintéressement (L. 22 ,
§.5, de jure delib., C. VI, 30). Mais ce serait étendre outre
mesure la portée de cette constitution que de l'interpréter
ainsi. Pour la comprendre, il faut se rappeler que le droit
des légataires doit se déterminer d'après la valeur des
biens de la succession au moment du décès. Ce droit une
fois ainsi fixé, les légataires le font valoir par tous les
moyens que la loi met à leur disposition. Mais que plus
tard de nouveaux créanciers viennent à se révéler, ils pourront faire évaluer d'après de nouvelles bases la quotité
du droit des légataires et réclamer à ces derniers ce qu'ils
ont indûment touché. C'est sans aucun doute à cette hypothèse que se réfère la décision de Justinien. La question
reste donc entière, et, pour la résoudre dans le sens favo-
rable aux légataires, nous nous contenterons d'invoquer
la considération suivante. Admettre les simples créanciers

chirographaires du défunt à se faire payer avant les légataires, ce serait en fait reconnaître le même droit aux
créanciers personnels de l'héritier, à l'encontre desquels
les créanciers héréditaires, en l'absence de la separatio,
ne sauraient se prévaloir d'aucun droit de préférence sur
les biens de la succession : ce serait, en définitive, enlever
à l'hypothèque toute son utilité. Ne peut-on pas dire enfin
que les créanciers du défunt doivent supporter la responsabilité de leur imprévoyance ? Ils n'avaient en effet, pour
conserver leur droit de préférence à l'encontre des légataires, qu'à réclamer la séparation des patrimoines.

Toutes les fois que la separatio bonorum n'était pas intervenue, les légataires avaient donc sur les biens héréditaires un droit garanti plus énergiquement que celui des
créanciers. D'une part en effet, tandis que les créanciers
héréditaires auront à subir, sur les biens de la succession,
le concours des créanciers de l'héritier, les légataires pourront écarter sur ces mêmes biens, en vertu de leur droit
de préférence, les créanciers chirographaires du défunt et
tous les créanciers de l'héritier. D'autre part, en cas d'aliénation consentie par l'héritier, les légataires pourront,
grâce à leur droit de suite, agir contre les tiers détenteurs
et s'approprier, à l'exclusion des créanciers, les sommes
qu'ils auront par suite obtenues. De plus, la diminution
de valeur des biens héréditaires risquait moins de compromettre leur droit : dès l'instant que ceux-ci suffisaient
pour les désintéresser, peu leur importait, puisqu'ils
étaient payés avant tous autres. Enfin, en cas de plu-
ralité d'héritiers, l'hypothèque avait pour conséquence,
du moins dans le système que nous avons adopté, de permettre aux légataires, après le partage, d'agir pour le tout
contre l'un des héritiers, tandis que les créanciers n'a-
vaient action contre chacun des héritiers que pour la part

héréditaire, même au cas d'insolvabilité des autres. L'hypothèque présentait encore, d'une manière indirecte, un
autre avantage au légataire. Ce dernier, se trouvant protégé par l'hypothèque légale, pouvait se dispenser de demander la separatio bonorum, et dès lors il pouvait agir
sur les biens personnels de l'héritier. Sans doute il n'avait
pas d'hypothèque sur ces biens; mais il conservait, dans
la mesure de son droit, une action personnelle contre l'héritier, laquelle action, Paul et Ulpien, nous l'avons vu,
s'accordaient à lui refuser, lorsqu'il avait eu recours à la
bonorum separatio. C'était pour le légataire un intérêt sérieux, et, pour le mettre en lumière, il suffit de supposer
que l'héritier dispose actuellement d'une fortune personnelle importante, alors que des pertes fortuites ont considérablement réduit l'actif héréditaire.

2° *Les créanciers du défunt et les légataires ont été diligents à se prévaloir de la séparation des patrimoines.*—Nous
avons dit plus haut que dans ce cas les créanciers du défunt étaient préférés aux légataires sur les biens de la succession et que sur ces mêmes biens les légataires primaient
à leur tour les créanciers personnels de l'héritier. On serait
donc tenté de croire, au premier abord, que dans notre hypothèse, l'hypothèque ne peut jouer aucun rôle ; ce serait
une erreur, et, pour montrer l'utilité qu'elle est encore susceptible de présenter ici, nous n'avons qu'à supposer que
la séparation n'affecte pas toutes les valeurs laissées par le
de cujus et qu'elle n'est intervenue qu'après l'aliénation de
quelques biens héréditaires. Les légataires, en effet, pourront alors invoquer leur hypothèque, et seront seuls payés
sur les valeurs provenant de ces biens; les créanciers du
défunt n'y pourront prétendre aucun droit.

3° *Les légataires seuls ont invoqué la separation bonorum.*
Si nous nous référons à la solution que nous avons admise
dans cette hypothèse au titre de la séparation des patrimoines, nous pouvons dire que dans le cas actuel la separatio protégera généralement le légataire avec autant
d'efficacité que l'hypothèque. Supposons en effet une succession produisant 500, un légataire de 100 et un créancier
de 400 ; l'héritier est sans actif et a un créancier de 1600.

Que le légataire demande seul la bonorum separatio, les
500 provenant de la succession seront d'abord affectés à la
garantie de son droit que l'application de la Falcidie réduit
à 75 ; le créancier héréditaire sera considéré comme créancier de l'héritier et, sur les 425 qui restent dans la succession, il subira le concours du créancier personnel de l'héritier. Dans notre hypothèse, la séparation des patrimoines
assure au légataire 75 ; l'action hypothécaire lui donnerait
également 75 ; on ne voit donc guère l'utilité que peut avoir
ici l'hypothèque pour un légataire diligent. Il importe cependant de noter que le légataire aurait un grand intérêt à
se prévaloir de l'hypothèque légale, si la succession ne suffisait plus à le désintéresser, et que l'héritier eût, antérieurement à la séparation, aliéné des biens héréditaires.

4° *Les créanciers du défunt ont seuls demandé la separatio bonorum.* — Sous la réserve déjà plusieurs fois faite au
cas d'aliénation de biens héréditaires antérieure à la séparation, nous ne voyons pas que dans l'hypothèse actuelle
l'hypothèque puisse être utile au légataire à l'encontre des
créanciers du défunt. Mais elle lui sera d'un grand secours
à l'encontre des créanciers personnels de l'héritier. Si le
désintéressement des créanciers du de cujus n'a pas ab-
sorbé complètement l'actif de la succession, le légataire
pourra saisir, en vertu de son hypothèque, les biens héré-

ditaires qui restent libres, les vendre et se payer sur le prix.

Nous ne devons pas terminer sans constater que la protection du droit des légataires, telle qu'elle résultait de l'innovation de Justinien, dépassait le but. Elle était de nature, nous avons eu l'occasion de le montrer, à nuire aux créanciers du défunt en sacrifiant le droit de ces derniers à l'intérêt plus secondaire des légataires. N'était-il pas en outre choquant que, grâce à son droit de suite, le légataire pût être payé, tandis que les créanciers étaient désarmés ? Pour concilier d'une manière équitable le respect du droit des légataires et la protection du droit des créanciers, Justinien aurait dû conférer aux créanciers du défunt, sur les biens de la succession, une hypothèque préférable à celle des légataires.

DROIT CIVIL INTERNATIONAL

DE LA FORME DES ACTES

INTRODUCTION.

Si l'on examine les sociétés, à quelque moment qu'on les envisage dans leur évolution, on peut constater, entre les règles juridiques qui les gouvernent, la plus grande diversité. Toutes ces législations variées étant souveraines de leur nature, il convient de déterminer l'étendue de leur empire respectif. La question ne soulève pas de difficulté lorsque partout on s'accorde, comme à certaines époques, à ne reconnaître à la souveraineté législative qu'un caractère exclusivement territorial. L'autorité de la loi s'étend d'une manière absolue sur un territoire déterminé ; mais elle est strictement restreinte dans les limites de ce même territoire. Lors donc que règne sans restriction le principe de la territorialité des lois, plusieurs législations ne sauraient se trouver en conflit pour régler différemment le même fait juridique. La tendance générale à d'autres épo-

ques est, au contraire, de n'attribuer à la loi qu'un caractère purement personnel. Dans ce régime, chaque individu
reste en tout cas soumis à la loi propre de la nation à laquelle il appartient, quel que soit le pays où naît le rapport de droit qui l'intéresse, quelle que soit la situation
des biens qui constituent la matière de l'acte juridique.
Dans ce système, la détermination de la compétence respective des souverainetés diverses se présente dégagée de
toute complication, lorsque l'acte juridique intervient entre
personnes soumises toutes à la même loi personnelle. Il ne
s'élèvera de conflit que dans le cas où les individus qu'intéresse l'acte juridique seront soumis à des lois personnelles
différentes. Seulement, les deux régimes indiqués ne réus-
sissent à prévenir, le premier toujours, le second souvent,
les collisions des souverainetés diverses qu'au prix des inconvénients les plus graves : le premier sacrifie trop le rôle
de l'État; le second méconnaît la personnalité humaine, en
ce sens qu'il ne voit dans l'homme que l'accessoire du sol,
et qu'il l'assujettit en toutes choses à la souveraineté qui
s'y rattache. Mais, à la longue, les deux idées contraires
sur lesquelles reposaient respectivement le régime de la
réalité des lois et celui de la personnalité perdent leur
caractère absolu, pour se combiner entre elles. On éprouve
le besoin d'affirmer la personnalité de l'homme, sans restreindre pourtant dans une trop étroite mesure les droits
de l'État. Sous l'influence de cette transformation sociale,
la souveraineté législative réunit en elle, sous la réserve
d'un domaine spécial à chacun, les deux caractères qui
jusqu'alors s'étaient réciproquement exclus : la loi comprend désormais un élément territorial et un élément personnel. Dans un pareil état de choses, qu'un rapport de
droit se produise sur un territoire déterminé, qu'il intéresse des personnes se rattachant toutes à ce territoire par

le domicile ou la nationalité, que tous ses effets se réalisent en outre dans les limites de ce même territoire, on appliquera sans difficulté la loi qui régit le sol et les personnes qui s'y rattachent. Si l'on suppose, au contraire, qu'on modifie l'une quelconque des conditions de fait indiquées, il y aura, pour réglementer la relation juridique, conflit entre la loi personnelle des parties d'une part, et d'autre part la souveraineté réelle de la loi régissant le territoire où l'acte s'est produit, ou bien celui sur lequel il doit sortir ses effets. Résoudre les conflits de ce genre, en d'autres termes, fixer la compétence respective des règles juridiques admises par les souverainetés diverses en matière de droit civil, tel est le but du droit civil international.

Nous n'avons point la prétention d'aborder l'étude générale de cette importante partie du droit : nous voulons seulement détacher de ce vaste ensemble une question spéciale, d'ailleurs très complexe encore. Nous nous bornerons à l'examen des conflits que soulève la diversité des législations relativement à la forme des actes juridiques civils.

Il convient, au préalable, de bien préciser ce qu'on doit entendre sous ce mot de forme. Si l'on analyse un acte juridique quelconque, on y dégage deux éléments essentiellement distincts : un élément interne et un élément externe. Dans l'élément interne, il faut ranger toutes les conditions nécessaires, au point de vue rationnel, pour l'existence même de l'acte : une volonté consciente et libre, une cause la déterminant, un objet auquel elle s'applique, une capacité lui permettant de produire un effet juridique. L'élément externe comprend tout fait sensible enveloppant la volonté de l'homme et servant à sa manifestation extérieure. C'est cet élément externe qui constitue la forme des actes juridiques. En dehors des actes juridiques proprement dits, il y a de simples faits physiques, la naissance, la mort par exemple, auxquels sont attachés des conséquences juridiques. Tout moyen admis pour constater leur existence constitue l'élément externe de ces faits.

En conséquence, dépendent de l'élément externe : 1° les solennités requises par la formation de certains actes juridiques ; 2° tous les moyens de preuve admis pour établir l'existence d'un acte ou d'un fait (écrit, affirmations testimoniales, présomptions).

A l'inverse, il ne faut pas faire rentrer dans l'élément externe les conditions d'autorisation exigées pour compléter la capacité des parties, et qu'on appelle formalités habilitantes. Il faut de même écarter, comme étrangères à la forme des actes, toutes les formalités qu'on désigne du nom générique de formalités de procédure, et qui sont absolument indépendantes de l'acte juridique.

Nous poserons d'abord, comme base de notre étude, l'adage « locus regit actum », généralement admis pour déterminer en principe la solution des conflits que soulève la forme des actes. Nous examinerons sur quelles considérations repose la règle que formule l'adage, et nous rechercherons quelles sont ses origines historiques. Nous étudierons ensuite les applications les plus importantes qu'en fait le droit français. Nous terminerons notre travail par une revue rapide des solutions que donnent sur les mêmes points les principales législations étrangères.

PREMIÈRE PARTIE

Historique.

SECTION 1.

On admet généralement et depuis longtemps déjà que
la forme d'un acte juridique est réglée par la loi du lieu
dans lequel cet acte intervient. Sur le fondement de ce
principe que formule l'adage célèbre : « locus regit actum »,
les auteurs ne sont pas d'accord. Paul Voët, de même que
Burgundus, base la règle sur la présomption d'une soumission volontaire à la loi du pays où l'acte est passé, « quia
censetur quis, semet contrahendo, legibus istius loci, ubi
contrahit, etiam ratione solemnium subjicere voluisse » (1).
M. Laurent critique cette explication. « Il est certain, dit
le savant professeur, que l'adage « locus... » n'est pas
fondé sur une soumission volontaire des parties : car,
qu'elles le veuillent ou non, elles sont tenues d'observer la
loi locale qui dépend non de leur volonté, mais d'un intérêt général » (2). Huberus fait reposer la maxime sur l'idée

(1) P. Voët. De statutis, t. IX, 2. 9, p. 267 ; Burgundus, tractatus, 4.
n° 8, p. 105 et 106.

(2) Laurent, Droit civil international, t. II, p. 423.

de la territorialité absolue de la loi. C'est aussi l'opinion d'Hertius, comme en témoigne le passage suivant : « L'é-tranger devient, quant à ses actes, sujet temporaire de l'Etat dans lequel il agit » (1). Le jurisconsulte américain Story ne s'exprime pas moins catégoriquement à cet égard, et prétend que la loi locale agit sur l'acte indépendamment de toute volonté des parties, en vertu de la puissance souveraine que toute nation a de régir les personnes, les biens et les transactions dans les limites de son territoire (2). Cette explication favorite des anciens auteurs, partisans de la réalité des lois, a été reproduite par quelques auteurs modernes (3). Mais il faut convenir qu'elle n'est guère admissible. En effet, si l'adage « locus... » était fondé sur la puissance souveraine de l'État où l'acte se passe, l'acte ne devrait être considéré comme valable que dans les limites territoriales de l'Etat dans lequel il intervient; par-tout ailleurs on pourrait le repousser. Il importe de ne pas oublier qu'il s'agit d'une maxime universelle, et qu'il faut expliquer pour quelle raison un acte, valable en la forme d'après une loi qui n'a qu'une autorité locale, doit être re-connu comme valable en tout pays; la souveraineté terri-toriale est impuissante pour expliquer l'universalité de la règle.

M. Laurent, après avoir combattu les diverses explica-tions proposées, établit ainsi le fondement théorique de la maxime : « locus regit actum. » « L'adage, dit-il, est con-forme à la raison. Quel est le but des formes extrinsèques? C'est de garantir la libre expression de la volonté des par-ties qui dressent l'acte, en les mettant à l'abri de toute in-

(1) Huberus. De collisione legum, lib. 1. tit. 3, § 3.
(2) Story. Conflict of laws, § 261, p. 327. 6ᵉ édit.
(3) Massé. Droit commer., t. I, p. 471.

fluence illégitime et de toute fraude. Or, c'est au législateur
de chaque pays de régler les formes qui lui paraissent les
plus propres à atteindre ce but. Dans les actes authentiques, la qualité des témoins est d'une grande considération ; or, qui est compétent pour déterminer les conditions
que les témoins doivent réunir? C'est bien certainement le
législateur local.... Les mesures de défiance, nécessaires
dans un pays, peuvent ne pas l'être ailleurs (1). Le savant
jurisconsulte n'a fait, d'ailleurs, qu'emprunter ces idées à
Merlin (2). « Chaque pays, avait déjà dit ce dernier, a ses
lois pour les formes probantes des actes, et ces lois sont
toujours fondées sur des motifs différents. Tout dépend en
cette matière de l'opinion que le législateur a eue de ses
sujets et, par conséquent, les lois relatives à la force probante des actes sont fondées sur des raisons purement locales et particulières à chaque territoire. Il n'y a donc que
la loi du lieu où un acte a été passé qui puisse en attester
la vérité. » Quand les formes locales ont été respectées,
continue M. Laurent, on doit présumer que l'acte est la
libre expression de la volonté des parties, donc il doit faire
foi partout. Si, au contraire, l'acte n'était pas fait dans ces
formes, il ne pourrait plus être considéré comme exprimant
la volonté des parties : dès lors il ne peut plus faire foi
nulle part. Tel est le fondement rationnel de l'adage : « locus.... » Dans cette justification théorique, M. Laurent
n'envisage la règle que dans ses rapports avec les formalités qui constituent des moyens de preuve. Ne convien-
drait-il pas de généraliser et de dire qu'en principe l'élément externe tout entier des actes, qu'il s'agisse de solennités ou de formalités instrumentaires, est l'expression

(1) Laurent. Dr. civ. intern., t. II, p. 427.
(2) Merlin Répert. Preuve, sect. 2, § 3, art. 1, n° 3.

législative de considérations purement locales; que, par conséquent, pour régler toutes les questions de forme, il faut s'en rapporter au législateur du pays où l'acte intervient?

Quoi qu'il en soit, tout le monde s'accorde à reconnaître que de puissantes raisons d'utilité pratique nécessitent l'admission de la règle : « locus regit actum. » Il serait le plus souvent impossible aux étrangers de suivre, hors de leurs pays, les prescriptions de leur loi nationale. Ainsi, la législation française sépare la juridiction volontaire de la juridiction contentieuse, en attribuant aux notaires la fonction de rédiger les actes les plus importants qui, dans l'ancien droit, étaient de la compétence des tribunaux. En Allemagne, au contraire, les deux juridictions sont encore généralement confondues. Le testament se fait en justice d'après le droit prussien et par devant notaire d'après le Code civil français. Quand un Prussien tombe malade en France et veut faire son testament, s'il restait soumis à la loi de son pays, il devrait recourir à l'intervention d'un tribunal, puisque le droit prussien ne reconnaît que les testaments reçus dans ces conditions. Mais en France aucun tribunal n'a qualité pour intervenir dans la confection d'un testament; le juge français se déclarerait certainement incompétent et refuserait son ministère; le Prussien devrait en conséquence renoncer à faire un testament.

On ne pourrait de même, qu'au prix des plus graves inconvénients, assujettir les parties à suivre, pour la forme des actes, les exigences de la loi de la situation des biens. Les biens d'une personne peuvent être situés sur le territoire de souverainetés diverses. Le testateur, quand il en voudra disposer, sera-t-il contraint de respecter les formalités prescrites par les lois différentes des pays où se trouvent ces biens. Si l'on admettait la réalité du

statut des formes, il faudrait décider que le disposant
sera tenu de faire autant de testaments qu'il a de biens
situés dans des pays différents. Ce serait entourer de mille
difficultés l'exercice d'un des droits les plus impor--
tants de la vie civile. Ainsi, le testateur se trouve dans
un pays où les notaires n'existent point et il possède des
biens dans un territoire dont la loi requiert l'intervention
d'un officier public; il sera dans l'impossibilité de disposer
valablement de ses biens. Supposons même que le disposant puisse en droit, dans le pays où il teste, faire les actes
requis par les divers statuts des lieux où ses biens sont
assis. Ne lui sera-t-il pas en fait le plus souvent impossible
de connaître exactement les lois de ces différents pays et
les formalités qu'elles prescrivent? Les formes des actes
qui sont si variables d'un pays à l'autre peuvent-elles être
familières à la plupart des disposants? Quand une personne
teste, c'est généralement au moment où la mort va la sur-
prendre. A-t-elle alors le loisir de s'enquérir des formalités
que requièrent les diverses législations et de confectionner
plusieurs testaments, alors qu'elle a souvent de la peine à
en faire un seul? La plupart du temps, d'ailleurs, les praticiens qu'elle consulterait ne pourraient guère la renseigner d'une manière sûre que relativement aux usages locaux.

En résumé, ce serait une rigueur excessive et que rien ne
justifierait que d'imposer toujours aux parties, pour la
forme des actes, soit l'observation de la lex rei sitæ, soit
le respect de leur loi personnelle. Les deux systèmes abou-
tiraient à rendre les actes juridiques parfois impossibles et
à les exposer en tout cas fort souvent aux nullités découlant
d'une exécution défectueuse. Ce sont ces considérations
puissantes qui nous expliquent la reconnaissance générale
de la règle « locus regit actum, » comme principe détermi-

nant la solution des conflits que soulève la forme des actes (1).

SECTION II.

Le droit romain ne contient aucune disposition qui consacre la maxime « locus regit actum. » Parmi les anciens auteurs, et conformément à la tendance générale qui régna longtemps, plusieurs se sont efforcés pourtant de rattacher l'adage aux lois romaines. Ils prétendaient en trouver, dans divers textes du Digeste et du Code, sinon la formule expresse, tout au moins des applications de l'idée qu'il exprime. Mais il faut bien dire, comme l'a fait remarquer Wächter, qu'on a peine à comprendre qu'on ait jamais tenté de fonder une telle règle sur le droit romain (2). Des textes invoqués à l'appui de cette opinion, plusieurs d'abord ne se réfèrent en rien à la forme extérieure des actes. Le texte principal est la loi 34, De regulis juris, 50, 17, d'Ulpien : « Semper in stipulationibus et in cœteris contractibus... erit consequens ut sequamur id quod in regione in qua actum est, frequentatur.... » Ce passage signifie que, dans le silence du contrat, on doit suppléer certaines clauses conformément à l'usage du lieu dans lequel ont contracté les parties. Quelques autres fragments contiennent des applications particulières de la décision générale que formule Ulpien. En somme, toutes ces lois décident que pour l'interprétation d'un acte juridique, il

---

(1) Voët. Lib. 1, tit. 4, pars. 2, n° 13, p. 45 ; Vinnius. Instit. lib. 2, tit. 10, § 14, n° 5 ; Savigny. Syst. dr. rom., trad. Guenoux, t. VIII, § 381, p. 351 ; Laurent. Dr. civ. internat., t. I, p. 473, t. II, p. 423 et t. VI, p. 672.

(2) Wächter. 1, p. 246, cité d'après Savigny, t. VIII, p. 356.

faut se référer aux coutumes locales; elles n'ont pas le moindre rapport avec l'élément externe des actes (1). Mais il est d'autres passages qui paraissent à première vue se rapporter à la question. L'un constitue la loi 9 au Code, De testamentis, vi, 23. Il est ainsi conçu : « Si non speciali privilegio patriæ tuæ juris observatio relaxata est et testes non in conspectu testatoris testimoniorum officio functi sunt, nullo jure testámentum valet. » Un testament a donc été fait sans qu'on ait respecté la règle romaine exigeant que les témoins se trouvent en la présence du testateur au moment de la confection du testament. L'empereur Dioclétien déclare qu'un tel testament est nul. On pourrait croire d'après les mots patriæ tuæ qui semblent indiquer une collision entre différents droits locaux, que le texte renferme une application de la règle « locus.... » Mais ce serait une erreur. Pour que le passage indiqué constituât l'application de l'adage « locus, » il faudrait, en effet, que l'empereur décidât que, pour apprécier la validité du testament, on doit consulter la loi particulière de la cité dans laquelle il a été fait. Or, Dioclétien ne se préoccupe pas du lieu dans lequel le testament est intervenu, mais seulement de la cité dont le testateur est membre et déclare que le testament est valable si le privilegium, c'est-à-dire le droit propre de cette cité ne requiert pas la présence continue des témoins pendant la confection du testament. La constitution exclut donc toute application de la loi locale à la forme des testaments et ne contient que cette proposition, d'ailleurs évidente, qu'en cas de conflit, le droit particulier déroge au droit général (2).

______

(1) L. 6, De evict. 21. 2. ; L. 1, pr. de usur. et fruct. 22. 1. ; L. 31. 20, de œdilit. edicto, 21. 1. ; L. 22. de rebus creditis, 12. 1.

(2) Savigny. Dr. rom. t. VIII, § 382, p. 355.

Pour prétendre que les Romains connaissaient la règle
« locus…, » il ne faut pas non plus comme l'a fait Voët (1)
alléguer la loi 2, quemadmodum testamenta aperiantur,
au Code, vi, 32. Cette constitution de Valérien et Gallien
prévoit l'hypothèse suivante : un père, absent de la cité
dont il est membre (patria), confie son testament à son fils,
pour faire procéder à l'ouverture du testament dans la patria. Les empereurs décident que, dans la cité dont le disposant est membre, le testament doit être insinué d'après
les lois et coutumes du lieu : « … illuc… insinuerentur ta-
bulæ secundum leges moresque locorum. » L'acte intervient dans la cité même dont est membre la personne intéressée. L'application qu'on fait à la forme de cet acte du
droit spécial de cette cité est toute naturelle, et il n'est pas
besoin, pour l'expliquer, de recourir au principe que formule l'adage « « locus regit actum. »

On peut être surpris de chercher vainement dans le droit
romain une règle que son utilité recommande si fort et pour
ainsi dire impose. Théoriquement, cette particularité s'explique par la considération suivante. L'exclusion de la
règle « locus… » dérivait logiquement du caractère que les
Romains attribuaient à la souveraineté législative. Dans
les idées d'alors, la loi n'avait, en effet, qu'une souveraineté purement personnelle. A l'envisager dans ses conséquences pratiques, le système romain entraînait d'ailleurs,
il faut le reconnaître, moins d'inconvénients qu'on ne serait tenté de le croire au premier abord. Dans bien des cas,
l'application exclusive de la loi romaine n'était guère de
nature à soulever de difficulté pratique.

Relevons, à titre d'exemples, quelques-uns des cas les
plus intéressants. En droit romain, la formation du ma-

(1) Paul Voët. De statutis, sect. 9, ch. II, § 2 et 3.

riage est indépendante de toute solennité de forme; elle n'exige l'intervention d'aucune autorité, soit civile, soit religieuse. La loi ne se préoccupe même pas d'organiser un mode régulier pour la constatation du mariage. Dans ces conditions, l'application de la règle « locus... ne saurait, il nous semble, offrir aucun intérêt. Il ne faut pas oublier que l'adage a pour but de permettre aux parties de faire en tout lieu des actes valables en la forme. Or, dans notre hypothèse, la théorie romaine du mariage rend l'intervention de la règle « locus... » absolument inutile.

Le testament n'est point, dans la législation romaine, comme le mariage, un acte affranchi de toute solennité de forme. Le testament écrit qu'on appelle tripertitum est soumis à des formalités assez nombreuses et assez compliquées. Mais à côté de cette espèce de testament, nous trouvons un autre mode de disposition d'une simplicité de forme relative, le testament nuncupatif, qui se fait par une déclaration orale en présence de sept témoins. Le citoyen romain, fût-il dans une province éloignée, aura souvent la ressource de recourir à cette sorte de testament pour disposer de ses biens, et l'exclusion de la règle « locus... » ne risquera guère dans ces conditions de le condamner à mourir intestat. Le droit romain s'est d'ailleurs préoccupé du cas où l'observation des formes qu'il prescrit présenterait en fait une extrême difficulté. C'est sous l'influence de cette idée, qu'il dispense de toute condition de forme le testament des militaires.

Dans la stipulation, le droit romain assujettissait à des formes rigoureuses l'expression de la volonté des contractants. Mais les formules strictement déterminées qu'il imposait pour la validité de cet acte juridique des plus usuels étaient partout à la disposition des parties. Où qu'inter-

Febvre.6

vint le contrat, il ne dépendait absolument que des parties
d'employer les formules obligatoires.

De même l'admissibilité presque constante de preuve
testimoniale rendait à peu près indifférente, en matière de
preuve, l'application de la règle qu'exprime l'adage « locus
regit actum ».

Enfin, pour les actes qui nécessitaient l'intervention de
l'autorité publique, la présence des magistrats romains
dans les provinces atténuait dans une large mesure les inconvénients du système de la personnalité des lois qui se
réfèrent à l'élément externe des actes juridiques.

Nous venons de voir qu'il faut chercher ailleurs que
dans les lois romaines l'origine de l'adage « locus... ». On
a parfois prétendu que la règle remontait au droit canonique. A l'appui de cette opinion, voici le texte qu'on a le
plus souvent invoqué : « Ex concilio Triburiensi. — De
Francia quidam nobilem mulierem de Saxonia duxit in
uxorem ; verum quia non eisdem utantur legibus Saxoni
et Francigenæ, causatus est, quod eam non sua, id est
Francorum lege desponsaverat (vel acceperat, vel dona-
verat), dimissaque illa aliam superduxit. Diffinivit super
hoc sancta synodus ut ille transgressor evangelicæ legis
subjiciatur pœnitenciæ et a secunda conjuge separetur et
ad priorem redire cogatur » (1). Un Franc a épousé une
femme saxonne, en se conformant, non aux usages francs,
mais aux usages saxons. Après quelques années, le Franc
invoque la nullité de ce mariage qui n'a pas été contracté
suivant les lois de sa patrie. Cependant le synode de Tri-
bur repousse cette prétention et reconnaît au mariage pleine
validité. Qu'est-ce à dire, sinon qu'il consacre la règle
« locus... » en ce qui concerne les formes de la célébra-

---

(1) Corpus juris canonici, I, § 9, de sponsalibus, IV, 1.

tion ? L'argument ne manquerait certainement pas de force, si l'on pouvait affirmer que le mariage a été célébré dans le pays saxon. Mais le texte est absolument muet sur cette circonstance de fait. En admettant même d'ailleurs, par pure hypothèse, qu'il en soit ainsi, nous estimons qu'on ne pourrait encore rien en conclure. Le concile, en rendant sa décision, ne s'est pas préoccupé de la diversité du droit séculier. Il n'a pas fait le raisonnement suivant : la loi franque exige telles formes, la loi saxonne telles autres formes ; les formes du lieu de la célébration ayant été respectées, le mariage est valable. Le synode se place exclusivement au point de vue du droit canonique pour apprécier la validité du premier mariage ; il reconnaît que ce mariage satisfait à toutes les conditions exigées par le droit canonique et prononce en conséquence la nullité de la seconde union.

Du cinquième au dixième siècle, sous l'influence des idées d'individualisme qui caractérisent les races germaines, et, par suite du peu de stabilité des établissements barbares, la souveraineté législative conserve naturellement le caractère personnel qu'elle présentait déjà dans la période antérieure. Chaque individu est régi par la loi propre de la race à laquelle il appartient, quel que soit le territoire qu'il habite, quel que soit l'endroit où l'acte juridique intervient. Ce n'est guère que chez les Lombards qu'on peut trouver à cette époque certaines lois auxquelles on ne saurait contester un caractère territorial. Ainsi le roi Luitprand décide que, sur le territoire lombard, on devra toujours, sous peine d'amende, rédiger les actes suivant les formes prescrites par la loi romaine ou par la loi lombarde, quelle que soit la nationalité des parties intéressées dans l'acte (1). Sous la réserve de cette exception,

(1) Canciani, Leges Longobardorum, caput 6. 37. t. I, p. 131.

le principe de la personnalité des lois règne d'une manière absolue pendant la période barbare, et l'une des conséquences qu'entraîne une pareille conception de la souveraineté législative, c'est d'écarter toute application de la loi locale à la forme des actes.

Au milieu du dixième siècle, le régime féodal est établi définitivement dans la plus grande partie de l'Europe. Dans le système féodal, l'homme est considéré comme une dépendance du sol, et, à ce titre, assujetti de la manière la plus étroite à la souveraineté qui s'attache à la terre. Aussi, de personnelle qu'elle était dans la période précédente, la souveraineté législative devient-elle exclusivement territoriale. De plus, la souveraineté se morcelle et ce morcellement favorise la naissance d'une foule de droits particuliers. Dès le onzième siècle, on trouve, dans presque toutes les villes d'Italie, un droit spécial (statuta). Mais les statuts des cités italiennes ne présentèrent jamais le caractère étroit de réalité que gardèrent longtemps les coutumes du nord de la France. En effet, la féodalité, d'où dérivait le principe de la territorialité des lois, ne reçut jamais en Italie une organisation aussi puissante qu'en France. De plus, les très nombreux étrangers qu'attiraient dans la péninsule les transactions commerciales et la réputation des universités, devaient souvent invoquer leur loi personnelle. Dans ces circonstances, il devait s'élever fréquemment des conflits. Aussi, lors de la renaissance des études juridiques, vers le milieu du onzième siècle, les glossateurs se préoccupèrent-ils de chercher dans le droit romain des textes pour trancher ces questions et déterminer le domaine respectif de la souveraineté réelle et de la souveraineté personnelle des lois.

Bartole, jurisconsulte qui procède de la célèbre école de

Bologne (1.), prend l'hypothèse suivante : un contrat est
fait dans une cité déterminée par un étranger (per foren-
sem); dans la suite, une contestation s'élève, au sujet de
ce contrat, dans le lieu d'origine de cette personne. D'après
quel statut faut-il apprécier la validité de l'acte en ce qui
concerne la forme, « quæ respiciunt ipsius contractus
solemnitatem ». Et Bartole répond qu'il faut appliquer la
loi du lieu où l'acte est intervenu : « Locus contractus
inspicitur », dit-il, et, plus loin : « Intelligo locum contractus ubi est celebratus contractus, non de loco in quem
collata est solutio » (2). C'est surtout à l'occasion de la
forme des testaments que les conflits se présentèrent. Bartole, à ce sujet, n'est pas moins précis que sur la question
des contrats. Un étranger fait son testament à Venise
devant deux témoins, en accomplissant d'ailleurs les autres
formes requises par le statut local. Le droit commun et la
plupart des autres statuts exigent sept témoins. Le testament, dit Bartole (3), est valable parce qu'il est conforme
au statut local, et il est efficace même à l'égard des biens
situés en dehors du territoire où l'on a testé. Bartole fon-
dait les deux décisions que nous venons de relater sur les
textes du droit romain. A l'appui de la première, il invo-
quait la loi : « Si fundus venierit » (4), et, à l'appui de la
seconde, la loi : « Et ab antiquis legibus » (5). Sans doute
il avait tort de faire appel à ces dispositions qu'il interpré-
tait mal, comme nous l'avons déjà dit. Mais on doit, du

(1) Cette école fut fondée par Irnérius en l'année 1113 ; Bartole en-
seigna à Pise en 1339 et à Pérouse en 1343.

(2) Bartole. Comment., ad legem cunctos populos. Code. De sancta
Trinitate, nᵒˢ 13, 14, 15.

(3) Bartole. Comment., De summa Trinit., Code, ad legem cunctos
populos. nᵒˢ 21 et 22.

(4) L. 6, de evict. D. 21. 2.

(5) L. 31. Code, De testamentis, 6, 23.

moins, reconnaître à Bartole le grand mérite d'avoir, le premier, bien dégagé la règle qui gouverne encore aujourd'hui la forme extérieure des actes juridiques.

En France, dans les pays coutumiers du Nord, où l'on admit longtemps dans toute sa rigueur le principe de la réalité des coutumes, de véritables conflits de législations ne pouvaient se produire (1). Mais à la longue, grâce à l'affaiblissement du régime féodal, et sous l'influence des doctrines italiennes, les jurisconsultes furent amenés à tenir compte, dans une certaine mesure, de l'élément personnel des lois, et cette évolution les mit en présence du problème que soulèvent les conflits de forme.

Dumoulin reprit les idées de Bartole, et leur donna, dans une formule générale, la consécration de sa grande autorité. Dans tout ce qui concerne, dit-il, la forme ou la solennité des actes, il faut toujours consulter la loi du lieu dans lequel l'acte est passé : « Aut statutum loquitur de his, quæ concernunt nudam ordinationem vel solemnitatem actus ; et semper inspicitur statutum vel consuetudo loci, ubi actus celebratur, sive in contractibus, sive in judiciis, sive in testamentis, sive in instrumentis, aut aliis conficiendis » (2). Il conclut une consultation en disant que de l'avis de tous les docteurs, un acte valable en la forme, d'après la loi locale, est valable partout, c'est-à-dire à l'égard de tous les biens, quelle que soit leur situation (3).

Dumoulin n'appuyait son système ni d'une raison théo-

(1) Dans le midi de la France, Paul de Castre, qui professa le droit à Avignon, reproduisit les idées de Bartole (1394-1412).

(2) Dumoulin. Comment. in Cod., lib. !, tit. 4, l. 1, Conclus. de statut., t. III, p. 554.

(3) Dumoulin. Consil. 53, § 9, p. 965, t. II, édit. 1681.

rique, ni d'une considération pratique. Il se contentait d'invoquer le témoignage des jurisconsultes italiens, Bartole, Balde, etc., et de rappeler les textes de droit romain que nous avons déjà cités. Si nous désirons une justification plus satisfaisante du principe, nous devons nous adresser aux jurisconsultes des Pays-Bas. Là le principe de la territorialité des lois était en grand honneur, et il s'opposait à l'admission de la règle « locus regit actum » avec le caractère d'universalité que Bartole et Dumoulin lui avaient attribué. C'est ainsi que, d'après Burgundus (1), l'acte, pour être valable, doit être revêtu des formes exigées par la loi de la situation des biens. Dans cette doctrine, le testament doit être rédigé, sous peine de nullité, dans les formes de la lex rei sitæ; par conséquent, on doit faire plusieurs testaments, s'il y a des immeubles situés dans le ressort de coutumes différentes.

Rodemburg (2), Jean Voët (3) reconnaissaient l'exactitude théorique de cette déduction dans le système de la réalité des lois : mais ils reculaient devant les inconvénients qu'entraînait l'exclusion de la règle « locus regit actum », et ils en admettaient l'application à la faveur de considérations d'utilité pratique très puissantes que les auteurs modernes n'ont fait que leur emprunter.

Ces considérations d'intérêt devaient, surtout avec le progrès des relations internationales, assurer de plus en plus le triomphe de la règle « locus... ». Dès la fin du dix-septième siècle, Jean Voët constate que la jurisprudence en France, en Espagne, en Allemagne et dans les Pays-Bas est unanime à la consacrer. Et l'on peut ajouter que,

(1) Burgundus. Tractat. 6, n. 1, 2, 2, p. 129 et Tract. 1, n. 36, p. 39.
(2) Rodemburg. De divers stat. tit. 2, ch. III, n. 1, 2.
(3) Jean Voët. Ad. Pandect. lib. 1, tit. 4, Pars 2, § 13, 15, p. 45, 46.

dès la même époque, la doctrine (1), sauf de très rares dissidents, s'accorde avec la jurisprudence pour poser en principe, que la forme des actes est régie par la loi du lieu dans lequel ces actes interviennent : « Locus regit actum ».

(1) Voir Fœlix et Demangeat. Traité de droit internat., t. 1, n° 74, p. 169, 4ᵉ édit.

DEUXIÈME PARTIE

A cette question : « Quelle loi doit régler la forme des actes? » tout le monde, nous venons de le dire, est d'accord, et depuis longtemps, pour répondre : « Locus regit actum. » Mais quand il s'agit de déterminer le domaine d'application de cet adage traditionnel et de préciser son caractère, les difficultés commencent et les divergences abondent.

CHAPITRE PREMIER

ANCIEN DROIT FRANÇAIS

Testaments. — La doctrine de Dumoulin sur la forme des testaments rallia la majorité des auteurs et fut consacrée par la jurisprudence. En l'année 1566, nous apprend Choppin (1), le Parlement de Paris décida, dans un arrêt solennel, « que le testament, fait par un homme passant pays dans un village, était valable, encore que par la coutume de son domicile, et de par l'assiette de ses biens, il soit requis de procéder à d'autres solennités. » On retrouve la même décision dans un arrêt du Parlement de

---

(1) Choppin. Sur la coutume de Paris, livre 2, titre 4, n° 2, t. III, p. 201.

Rouen (9 août 1635) (1), et Basnage rapporte que cet arrêt fit jurisprudence (2). Le conflit s'éleva plusieurs fois entre les lois françaises et les lois étrangères, et Ricard (3) nous dit que, pour le trancher, le Parlement de Paris appliqua l'adage « locus... » et reconnut la validité de testaments faits par des Français à l'étranger dans les formes locales, bien que ces formes fussent moins nombreuses que celles de la loi française. Le président Bouhier (4) cite également deux arrêts du Parlement de Bourgogne qui consacrèrent le même principe. — Les décisions que nous venons de relater se réfèrent toutes à des testaments authentiques. L'application de l'adage « locus... » à la forme des testaments olographes souleva des difficultés : nous réservons la question.

Mariage.—L'ordonnance de Blois de 1579 (art. 40) avait, entre autres formalités applicables à tout le royaume, prescrit la célébration du mariage à l'église par le curé de la paroisse de l'un des époux. Il pouvait donc s'élever un conflit, lorsqu'un Français se mariait dans un pays étranger dont la loi requérait des solennités différentes. Le président Bouhier (5) dit à ce sujet que « l'avis unanime non-seulement des canonistes, mais aussi de nos jurisconsultes, est que, pour les formalités de la célébration du mariage, on doit suivre l'usage des lieux où le mariage est célébré. » Puis il rapporte plusieure arrêts du Parlement de Paris validant des mariages contractés par des Français à l'étranger suivant les formes de la loi étrangère (6). Boul-

(1) Brillon. Diction. des arrêts. Vᵒ Testaments, p. 656.
(2) Basnage. Cout. de Normandie, t. II, p. 163.
(3) Ricard. Traité des donations, part. 1ʳᵉ, 1293.
(4) Bouhier. Cout. de Bourgogne, t. I, ch. XXVIII, nᵒˢ 41-44, p. 554.
(5) Bouhier. Cout. de Bourgogne, t. I, ch. XXVIII, nᵒˢ 59, p. 556.
(6) Bouhier. Cout. de Bourgogne, t. I, ch. XXVIII, nᵒˢ 64, 65, p. 557.

lenois cite l'exemple d'un mariage, célébré entre un Français catholique et une Française catholique, à Londres devant un ministre protestant. La validité de cette union fût contestée. Nos anciens, dit Boullenois (1), consultés sur la question, décidèrent à l'unanimité que le mariage était valable, parce qu'il avait été célébré conformément aux prescriptions de la loi locale. Enfin, Merlin (2) rapporte qu'en 1740 le Parlement de Normandie refusa d'annuler un mariage contracté par un Français à l'étranger (à Dusseldorf) avec une étrangère, en s'appuyant sur cette considération que le mariage avait été célébré dans la forme prescrite par le concile de Trente, de la manière dont on l'entendait alors en Allemagne.

Contrats. — Le contrat est constaté par un écrit authentique. Pour apprécier la validité des formes instrumentaires de cet acte, on consulte uniquement la loi locale. Ainsi certains Parlements, outre l'intervention de deux notaires, exigeaient des témoins à peine de nullité. D'autres Parlements, au contraire, n'exigeaient pas de témoins, lorsque deux notaires participaient à la rédaction de l'acte. Supposons qu'un acte de vente soit dressé dans ces conditions dans le ressort d'un de ces derniers Parlements . Cet acte sera considéré comme parfaitement valable dans le ressort des Parlements qui dans tous les cas exigent des témoins, et cela quel que soit le domicile

Arrêt du 26 mars 1624, déclarant valable un mariage contracté en Lorraine, sans les formalités françaises. Arrêt du 28 juin 1634, validant un mariage contracté en Savoie par un Français.

(1) Boullenois. Traité de la réalité, t. I, p. 494.

(2) Merlin. Répertoire, t. XIX, p. 424.

des parties et quelle que soit la situation des biens : « Locus regit actum » (1).

Des édits de Henri III (1581) et de Henri IV (1606) avaient décidé que pour acquérir soit un droit de propriété, soit une hypothèque, il fallait soumettre au contrôle l'acte notarié. Cette disposition, spéciale d'abord à la Normandie, fut étendue par Louis XIV à tout le royaume (édit de 1693); mais une déclaration de 1723 en exempta la ville de Paris. Cette particularité pouvait faire naître un conflit. Après quelques hésitations, on le trancha par l'application de la règle « locus... » (2).

En dehors des cas que nous venons de signaler et dans lesquels la jurisprudence et la doctrine s'entendaient pour donner la même solution, l'application de l'adage « locus regit actum » souleva de nombreuses controverses.

1° La règle « locus... » s'appliquait-elle à la détermination des conditions de solennité nécessaires pour la formation de certains actes?

Mariage. — La jurisprudence et la doctrine étaient d'accord pour appliquer l'adage « locus... » aux solennités de la célébration du mariage : nous nous bornons à renvoyer à ce que nous avons dit plus haut à ce sujet.

Emancipation. — L'émancipation volontaire constituait un acte solennel. Les formalités requises variaient avec les différentes coutumes. Un père de famille se trouvant hors du ressort de la coutume de son domicile, voulait émanciper son fils. A quelles formalités cet acte était-il

(1) Merlin. Répertoire, t. I, p. 159.
(2) Bouhier. T. I, nᵒˢ 100, 101, p. 562; Boullenois. Traité de la réalité, t. I, p. 517.

assujetti? Froland (1) le soumettait aux formes exigées par la loi personnelle de l'émancipé. Mais la majorité des auteurs, Bouhier (2) et Boullenois (3) entre autres, écartaient cette loi pour régler les solennités de l'émancipation conformément au principe « locus regit actum ».

Donation. — L'ordonnance de 1731 (art. 1) décidait qu'une donation n'était valable qu'autant qu'elle était passée devant notaire. Supposons qu'un Français voulût faire une donation dans un pays dont la loi reconnaissait la validité d'une donation par acte sous seing privé. Devait-il recourir aux formes authentiques de la loi locale? Les jurisconsultes, nous le croyons du moins après les recherches que nous avons faites, ne prévoient pas formellement la question. Mais comment l'auraient-ils résolue? M. Laurent soutient que, dans la doctrine des jurisconsultes du xviii⁰ siècle, l'adage « locus... » ne s'applique qu'aux formes instrumentaires des écrits publics, et qu'on l'écarte, quand il s'agit de déterminer les conditions de solennité nécessaires pour la constitution de certains actes juridiques (4). Ce système nous paraît contestable. Il ne se dégage pas de l'ensemble des solutions généralement admises à cette époque. De plus, comme nous l'avons vu, les jurisconsultes le rejetaient expressément dans le cas de mariage et d'émancipation : rien dans leurs expressions ne trahit l'idée d'une décision exceptionnelle et n'autorise à croire qu'il en fût autrement dans l'hypothèse d'une donation. Il est vrai que nous ne pouvons pas invoquer de té-

---

(1) Froland. Mém. sur les statuts, t. II, p. 831.
(2) Bouhier. Cout. de Bourgogne, t. I, ch. XXVIII, nᵒˢ 86, p. 560.
(3) Boullenois. Traité de la réalité, t. II, p. 49.
(4) Laurent. Droit civ. internat., t. I, p. 155; t. VI, p. 651, 662.

moignage précis antérieur au Code civil. Mais Merlin, qui
connaissait à fond la jurisprudence du xviiiᵉ siècle, nous
donne des indications précieuses, sinon décisives, pour
résoudre la question. « C'est un principe, dit-il (1), qui a
été reconnu dans tous les temps, que la forme extrinsèque
des actes n'est réglée que par la loi du lieu de leur passation. Il résulte de ce principe que si le contrat de mariage daté de 1793 avait été passé à Londres et que la
législation anglaise autorisât les donations à cause de
mort faites par contrat de mariage sous seing privé, la
donation dont il s'agissait eût dû être confirmée, quand
même... elle n'eût pas été, quant à sa forme extrinsèque,
en harmonie avec l'ordonnance de 1731. » C'est dire que la
donation faite à Londres par acte sous seing privé devait
être reconnue comme valable en France, parce que la législation anglaise valide les dispositions à titre gratuit
faites sous cette forme. Il n'y a pas dans le passage cité la
moindre allusion permettant de supposer qu'on ait jamais
émis de doute à cet égard, et c'est ce qui nous engage à
croire que si l'ancienne jurisprudence avait dû trancher
un conflit de ce genre, elle l'eût fait en appliquant l'adage
« locus... » aux formes de la donation.

Testament olographe. — Une coutume ne reconnaît que
le testament reçu par un officier public : une autre coutume
laisse au testateur la faculté de rédiger ses dernières dispositions dans la forme olographe. Une personne domiciliée dans le ressort de la première coutume fait, dans le
ressort de la seconde, un testament sous la forme olographe. Ce testament est-il valable ? En d'autres termes
appliquera-t-on dans cette hypothèse la règle « locus regit

(1) Merlin. Questions de droit, t. VI, p. 67.

actum » ? La question, nous dit Merlin (1), était très controversée. Bouhier (2), pour la résoudre, écartait l'application de l'adage « locus... » et faisait dépendre de la loi personnelle du testateur la faculté de tester dans la forme olographe. Boullenois (3) adoptait l'opinion du président Bouhier. Ricard (4) au contraire décide en termes formels et sans aucune distinction que « le testament fait suivant les formes du lieu de confection a son exécution partout. » Il est encore plus explicite dans le passage suivant : « La date et le lieu du testament doivent faire juger de sa validité et si les lois qui s'observent dans le lieu où l'on a testé permettent de faire un testament olographe. » On prétend, il est vrai, que Ricard a fini par se rallier à la doctrine de Bouhier et de Boullenois ; mais on ne peut invoquer à l'appui de ce changement qu'un passage d'une dissertation posthume, à laquelle on ne saurait attacher une grande autorité. Pothier (5) se contente d'exposer les deux systèmes : il ne prend expressément parti ni pour l'un ni pour l'autre. Il semble toutefois pencher plutôt vers la doctrine de ceux qui ne distinguent pas, entre les testaments publics et les testaments olographes pour l'application de la règle « locus regit actum ». Quant à Furgole (6), il est beaucoup plus affirmatif : il critique l'opinion du président Bouhier et conclut en termes formels : « il suffit qu'un testament soit fait selon les formalités requises par les lois du lieu où il est fait..., sans distinguer le testament olographe des autres espèces de testament. » Si mainte-

(1) Merlin. Répertoire, t. XXXIV, p. 78.
(2) Bouhier. Cout. de Bourgogne. t. I, ch. XXVIII, nᵒˢ 15 et 21, p. 550.
(3) Boullenois. Traité de la réalité, t. II, p. 78.
(4) Ricard. Traité des donations, nᵒˢ 1286 et 1560.
(5) Pothier. Traité des donat. testam., ch. I, art. 2, § 1, p. 298.
(6) Furgole. Traité des testam., ch. II, sect. 2, p. 69 et 72.

nant nous consultons la jurisprudence, nous constaterons une tendance assez marquée pour la consécration de la même doctrine (1). Dès l'année 1620 (arrêt du 10 mars), le parlement de Paris décide que la règle « locus regit actum » s'applique aux testaments olographes, comme aux testaments solennels. L'acte de notoriété du Châtelet (13 septembre 1702) établit pareillement et de la manière la plus précise, que la faculté de tester dans la forme olographe dépend uniquement de la loi du lieu où se fait le testament. « Le testament olographe, dit l'arrêt, fait à Paris, par une personne domiciliée en pays de droit écrit ou ailleurs, est valable, pourvu que ce qui est prescrit par la coutume de Paris ait été observé, auquel cas on ne peut jamais le rendre nul, en disant que l'on n'a pas observé ce qui est prescrit par la loi et les coutumes des autres provinces ». L'arrêt du Parlement de Paris (15 janvier 1721), qui cassa le testament de M. de Pommereul, s'inspira des mêmes idées, s'il faut en croire le témoignage de Brillon (2). C'est bien aussi la doctrine qui se dégage d'un autre arrêt du Parlement de Paris (14 juillet 1719) auquel Pothier (3) renvoie. Le Parlement d'Aix (acte de notoriété du 14 juin 1719) jugea d'abord que la faculté de tester dans la forme olographe dépendait de la loi du domicile; mais cet arrêt ne fit pas jurisprudence. Montvallon, conseiller en la cour d'Aix, nous dit en effet: « Quoique nous ne connaissions point en Provence les testaments olographes mentionnés dans l'art. 19 de l'ordonnance de 1735, il paraît

(1) Nous empruntons la plupart des détails qui suivent au Répertoire de Merlin, t. XXXIV, p. 78 et suiv., p. 110 et suiv.

(2) Brillon, au mot Testament, n° 14.

(3) Pothier. Traité des donat. test. p. 298.

qu'un pareil testament, fait par un Provençal hors la Provence et dans un pays où les testaments olographes sont autorisés, doit valoir..., parce qu'il est de règle certaine qu'il suffit pour la validité d'un testament, qu'il soit fait en la forme prescrite par la loi ou la coutume du lieu où il est fait. » De même, le Parlement de Toulouse (arrêt du 10 février 1734) (1) confirma dans toutes ses dispositions un testament olographe fait à Paris par une personne domiciliée à Montpellier, pays de droit écrit où le testament olographe ne pouvait valoir qu'en faveur des enfants. Enfin, nous retrouvons le même système sanctionné dans un arrêt de 1777 du Parlement de Paris, qui reconnaît que l'adage « locus... » s'applique aux testaments olographes, comme aux testaments reçus par officier public.

Hypothèque. — Relativement aux formes de la constitution d'hypothèque, il ne pouvait guère s'élever de conflits entre nos différentes coutumes, puisque toutes exigeaient la rédaction d'un acte notarié. Pour les contrats passés hors du royaume, s'ils contiennent une constitution expresse d'hypothèque, Boullenois (2) semble bien, dans le passage suivant, les soumettre à la règle « locus... ». « Nous ne croyons pas, dit-il, qu'il y ait d'autres formes requises que celles qui sont nécessaires pour constater la convention, et cette forme dépend de ce que les lois où les parties contractent requièrent pour assurer la validité de toutes les conventions: cette forme observée, il y a une convention et le droit des gens veut qu'elle soit exécutée. » Mais cette opinion, au rapport de Merlin (3), n'a pas

(1) Furgole. Traité des testaments, ch. II, sect. 2, p. 71.
(2) Boullenois. Traité de la person., t. I, p. 631.
(3) Merlin. Répertoire, hypoth., t. XIII, p. 442.

Febvre.   7

réuni beaucoup d'adhérents. Boullenois du reste a fait lui-même une remarque qui réduit beaucoup l'importance de la question ». Presque toutes les nations, dit-il, ont exigé pour la constitution d'hypothèque l'intervention d'officiers publics ».

2° — L'adage « locus... » s'appliquait-il, dans notre ancien droit, non seulement aux formes instrumentaires des actes publics, mais encore aux formes instrumentaires des écrits privés ?

Les déclarations du 30 juillet 1730 et du 22 septembre 1733 exigeaient, pour la force probante de certains écrits sous seing privé, l'observation de formalités déterminées que l'article 1326 du code civil a reproduites. Si l'on suppose que la loi d'un pays étranger impose des formes différentes ou qu'elle n'en requière aucune, comment tranchera-t-on le conflit que cette diversité fera naître ? Les auteurs n'étaient pas d'accord sur la solution à donner à cette question qui, du reste, ne semble pas les avoir beaucoup préoccupés. Prévôt de la Jannès (1) écartait dans notre hypothèse l'application de la règle « locus regit actum ». « Les lois, dit-il, qui règlent la forme des écrits sous seing privé forment toujours des statuts personnels, de sorte qu'il ne s'agit que d'appliquer ici les règles établies pour les statuts personnels. » Mais cette opinion n'était pas unanimement adoptée, comme en témoigne, le passage suivant que nous empruntons à Pothier (2). « C'est mal à propos qu'on restreint aux actes reçus par personnes publiques la règle qui décide que les formes

____

(1) Prévôt de la Jannès. Discours sur la distinction des statuts, sect. 3, p. 80.

(2) Pothier. Traité des donat. testam., ch. I, art. 2, § 1, art. 2, § 1, p. 298.

des actes se règlent par la loi du lieu où ils ont été passés, que cette règle doit avoir lieu à l'égard de tous les actes sujets à quelques formes, soit qu'ils soient faits par personnes publiques, soit qu'ils soient faits par des particuliers. » La question s'est-elle présentée devant les cours de justice ? C'est possible. En tout cas nous n'avons pu recueillir sur ce point aucune décision de notre ancienne jurisprudence.

3° — L'adage « locus... » était-il applicable, dans notre ancien droit, à la détermination des modes de preuve admissibles en l'absence d'un écrit ? Spécialement s'appliquait-il à la preuve testimoniale ?

D'après l'ordonnance de Moulins de 1566 (art. 54), la preuve par témoins n'était recevable qu'autant que la valeur de l'intérêt engagé ne dépassait pas cent livres. La preuve testimoniale n'était donc qu'une rare exception ; la preuve littérale constituait la règle presque universelle. Le droit commun de l'Europe, au contraire, conformément au droit romain, admettait la preuve par témoins sans aucune restriction. Cette différence entre le droit français et le droit étranger sur l'admissibilité de la preuve testimoniale était de nature à soulever des conflits. Fallait-il appliquer la loi du lieu dans lequel le procès était engagé ? celle du lieu dans lequel s'était passé le fait juridique ? ou bien enfin, la loi personnelle de l'une des parties ? Les auteurs ne s'entendaient pas pour résoudre la question. Le président Bouhier (1) faisait intervenir la loi personnelle des plaideurs. Boullenois (2), au contraire, était partisan de l'application de l'adage « locus.., », comme le prouve le passage suivant : « Les parties qui ont traité en présence

(1) Bouhier. Cout. de Bourgogne, t. I, ch. XXI, n° 205, p. 414.
(2) Boullenois. Traité de la person., t, II, observ. XXXXVI, p. 459.

de témoins dans un pays où la preuve testimoniale est admise indéfiniment plaident ensuite dans un pays où cette preuve n'est pas admise. Dans cette espèce, je ne trouve pas de difficulté à dire qu'il faudra admettre la preuve par témoins (1). » Quant à la jurisprudence, il serait difficile d'établir dans quel sens elle se prononçait. Brodeau rapporte bien que le Parlement de Paris, dans deux arrêts, autorisa la preuve par témoins entre deux Anglais dans une espèce où l'ordonnance de Moulins ne l'eût pas admise. Malheureusement Brodeau ne mentionne pas le pays dans lequel le prêt avait été fait, et pourtant la connaissance de cette circonstance eût été décisive pour dégager la doctrine des arrêts. Il est vraisemblable qu'il n'y eut pas, sur le point qui nous occupe, d'autres décisions judiciaires. Merlin, en effet, dans un article sur la preuve (2), pour motiver son opinion conforme à l'avis de Boullenois, invoque les deux arrêts dont nous avons parlé, mais en ayant soin d'y introduire, pour les besoins de la cause, la mention que nous regrettons de ne pas trouver dans Brodeau.

4º — Quel caractère attribuait-on, dans notre ancien droit, à la règle « locus regit actum » ? La considérait-on comme impérative, ou comme simplement facultative?

C'est surtout au sujet des testaments que se présenta la question. Le testateur, hors du ressort de la coutume de son domicile, dispose dans la forme admise par la loi locale. Le testament est valable ; la jurisprudence était d'accord avec tous les auteurs pour le reconnaître, du moins

(1) On ne s'explique guère que Fœlix cite Boullenois et Bouhier à l'appui de la même opinion : Traité de droit intern. privé, t. I, p. 454, 4ᵉ édition.

(2) Merlin. Répertoire, Preuve, 1, XXIV, p. 429.

quand il s'agissait d'un testament public. Mais le testateur est-il tenu rigoureusement de suivre les prescriptions
de la loi locale? S'il se contente d'observer, à l'étranger,
les formes exigées par sa loi personnelle, la disposition sera-
t-elle valable? Dumoulin ne tranche pas la question d'une
manière expresse : mais si l'on s'attache aux termes dans
lesquels il formule la règle, il faut convenir qu'il devait la
résoudre par la négative. « Est omnium doctorum senten-
tia, dit-il (1), ubicumque consuetudo vel statutum locale
disponit de solemnitate vel forma actûs, ligari etiam ex-
teros ibi actum illum gerentes... » Ce terme de ligari
n'implique-t-il pas que la règle est impérative, et que dans
notre hypothèse, le testateur n'a pas le choix entre sa loi
personnelle et la loi du lieu de rédaction du testament,
mais doit suivre cette dernière. L'idée de Dumoulin, re-
marquons-le, s'applique à toute espèce d'actes, puisqu'elle est contenue dans une phrase générale sur la forme
des actes. On sait quelle influence eut Dumoulin sur la
doctrine et la jurisprudence ; aussi la tendance générale
fut-elle de consider la règle « locus... » comme impérative.
Ainsi le Parlement de Boulogne (arrêt de 1667) décide que
la femme doit faire sa renonciation à la communauté dans
les formes exigées par la coutume du lieu où elle la fait, et
qu'elle ne peut la faire autrement (2). Si cette disposition
à reconnaître à la règle « locus... » un caractère impératif
n'avait pas été bien accusée, on ne s'expliquerait guère
que Louis XIV ait dû rendre une décision spéciale, pour
autoriser les Anglais venus en France à la suite de Jac-
ques II à suivre, dans leurs testaments, les formes de leur
loi personnelle (3).

(1) Dumoulin. Consultation 53, § 9, p. 965, t. II, édit. 1681.
(2) Bouhier. Cout. de Bourgogne, t. I, ch. XXVIII, n° 69, p. 557.
(3) Boullenois. Traité de la person., t. I, p. 433.

Enfin, le Parlement de Paris, dans l'arrêt solennel du 15 janvier 1721, rendu sur les conclusions conformes de l'avocat-général Gilbert des Voisins, consacra le caractère impératif de la règle « locus.... ». M. de Pommereul, domicilié à Paris, avait fait son testament en la forme olographe dans la ville de Douai, dont la coutume n'admettait pas ce mode de disposition. L'arrêt cité déclare le testament nul, parce que le testateur est obligé de suivre les formalités prescrites par la loi du lieu où le testament est fait (1).

(1) Merlin, Répertoire, Testament, sect. 2, § 4, art. 1 et 2.

CHAPITRE II.

Autrefois, c'était surtout entre les diverses coutumes provinciales que naissaient les conflits. Mais, depuis la Révolution française, l'unification législative s'est produite dans beaucoup d'Etats; et dès lors, c'est le plus souvent entre lois nationales que les collisions s'élèvent aujourd'hui. Le nombre de ces collisions s'accroît de jour en jour, sous l'influence du développement continu des relations entre les peuples.

Nous allons passer en revue les principales applications de l'adage « locus.... » que fait le droit français actuel dans la matière des conflits relatifs à la forme des actes.

Le Code civil ne consacre pas dans une disposition formelle et générale la maxime « locus regit actum ». Le premier projet contenait un article ainsi conçu : « La forme des actes est réglée par les lois du lieu dans lequel ils sont faits ou passés. » Cette rédaction ne souleva qu'une objection d'ailleurs peu sérieuse et dont Portalis fit justice. Le projet ayant été rejeté (15 déc. 1801), la discussion fut reprise le 9 juillet 1802, et aboutit à l'adoption du titre préliminaire du Code civil (1). On n'y retrouve pas l'ancien article sur la forme des actes, et il y a lieu de présumer, pour expliquer cette disparition, que le Conseil d'État, comme le dit Merlin (2), considérait « la règle « locus... »

(1) Fenet. Travaux préparatoires du Code civil, t. VI.
(2) Merlin, Répertoire, v° Loi, § 6, n° 8.

comme une de ces maximes tellement notoires, qu'elles n'ont pas besoin de la sanction expresse du législateur. » De plus, on peut constater, en consultant les travaux préparatoires, qu'on ne fit pas d'allusion aux questions controversées que soulevait, comme nous l'avons vu, l'application de la règle. De ces circonstances il est permis d'induire que le Code a voulu, sur le point qui nous occupe, maintenir l'état de droit antérieur. Il reconnaît donc en principe l'adage « locus... » ; il se contente d'en formuler quelques applications, laissant à la doctrine et à la jurisprudence le soin de déterminer les autres.

Dans un cas seulement, le Code a pris parti. Nous avons vu que la jurisprudence et la doctrine dans notre ancien droit étaient très divisées sur la question de savoir si le testateur pouvait, hors de son domicile, disposer dans la forme olographe de sa coutume. L'article 999 tranche la controverse en accordant au Français la faculté de tester à l'étranger dans la forme olographe française. Sur les autres points que nous avons indiqués, on ne saurait prétendre que le Code ait consacré telle ou telle solution, puisqu'aucune ne pouvait se prévaloir de l'autorité d'une doctrine et d'une jurisprudence conformes et définitives.

Nous étudierons d'abord les applications textuelles que le Code civil a faites de l'adage « locus regit actum. »

SECTION I.

ACTES DE L'ÉTAT CIVIL.

Certains événements ont, au point de vue social, une importance telle, qu'on éprouve généralement le besoin de les constater par un genre spécial de documents placés bien souvent sous le contrôle de l'autorité publique : tels sont, entre tous, la naissance, seul fait générateur de la personnalité juridique et la mort, seul fait qui détruise cette même personnalité. La constatation de ces deux événements résultera donc habituellement d'un écrit rédigé spécialement dans ce but et qu'on appelle acte de l'état civil; mais, quand il n'y aura pas d'acte de ce genre, elle pourra résulter également d'autres moyens de preuve. Nous allons étudier les conflits que la diversité des législations est de nature à soulever dans ces deux catégories d'hypothèses.

I. — *Un acte de l'état civil est représenté.* — Rédigé dans les formes prescrites par la loi du lieu dans lequel il a été reçu, l'acte de l'état civil, quelle que soit la nationalité de la partie qu'il intéresse, aura force probante en tout pays. Telle est la solution que consacre en termes formels l'article 47 du Code civil : « Tout acte de l'état civil des Français et des étrangers, fait en pays étranger, fera foi s'il a été rédigé dans les formes usitées dans ledit pays ». Cette disposition devra s'appliquer, quelque différence qu'il puisse exister, relativement au mode de rédaction de l'acte, entre la loi locale et la loi de la personne intéressée. L'application de la règle « locus.... » que formule l'article 47 du Code civil, repose sur de véritables raisons de nécessité pratique. Les naissances et les décès, survenant à l'étranger, ne peuvent être constatés que par l'officier de l'état civil étranger. Ce dernier, auquel les parties sont contraintes de s'adresser, doit instrumenter dans les formes requises par la loi de la nation qui l'a institué. Refuser aux actes ainsi rédigés force probante en France, ce serait en fait mettre les parties dans l'impossibilité de prouver devant nos tribunaux les naissances et les décès qui se seraient produits en pays étranger.

En ce qui concerne le caractère qu'il convient d'attribuer

à la règle « locus.... » dans son application à la forme des actes de l'état civil, nous n'hésitons pas à déclarer qu'on doit la considérer comme impérative. En d'autres termes, les actes de l'état civil ne devront faire foi devant les tribunaux français, qu'autant qu'ils auront été dressés dans les formes prescrites par la loi du lieu de rédaction. Si l'on n'a pas respecté ces formes, eût-on même observé celles que requiert la loi personnelle des parties intéressées, les tribunaux français devront dénier aux actes toute valeur probante. C'est en effet la loi du pays où l'acte de l'état civil est rédigé qui, naturellement, est seule compétente pour régler les formes de l'acte et déterminer les garanties extérieures qui doivent entourer sa rédaction. En outre, et cette considération nous paraît décisive, si, pour apprécier la régularité d'un acte de l'état civil, on ne consulte pas exclusivement la loi du lieu de rédaction, on risque de maintenir le conflit que la règle « locus.... » a précisément pour but de résoudre. En effet, l'acte de l'état civil, dressé dans les formes de la loi personnelle, ferait peut-être foi dans la patrie de l'intéressé ; mais il n'y aurait pas de raison pour que les tribunaux d'un autre pays lui reconnussent la même autorité probante. Cette décision sur le caractère de la règle « locus.... » est en harmonie du reste avec le texte de l'article 47. Aux termes mêmes de cette disposition, « tout acte de l'état civil fera foi s'il a été rédigé ...», l'application des formes locales semble bien constituer une condition absolue de la régularité de l'acte. La loi du lieu de rédaction est naturellement aussi seule compétente pour déterminer l'étendue de la force probante de l'acte, les moyens par lesquels on peut l'attaquer et les personnes qui sont recevables à l'attaquer.

De ces principes on peut déduire les conséquences suivantes :

1º Les tribunaux français, pour apprécier la régularité d'un acte de l'état civil, devront consulter la loi du lieu de rédaction. Ainsi, l'acte de naissance rédigé sous forme d'un acte de baptême, dans un pays comme l'Espagne, où l'on n'a pas sécularisé les actes de l'état civil, fera pleine foi devant un de nos tribunaux, même pour établir la naissance d'un Français (1). De même les actes de naissance ou de décès, rédigés à l'étranger, auront force probante en France, s'ils ont été dressés dans les délais fixés par les lois étrangères. C'est ainsi qu'un acte, rédigé dans les quarante jours de la naissance en Angleterre, fera foi devant nos tribunaux, quelle que soit la nationalité de la personne qu'il intéresse, et bien que, d'après l'article 55 du Code civil, l'acte de naissance doive être dressé dans les trois jours à dater de l'accouchement (2).

2º Les tribunaux français, pour apprécier la régularité des actes de l'état civil, n'auront pas à se préoccuper de la loi nationale des parties que ces actes concernent. Ils devront se référer exclusivement à la loi du lieu de rédaction et ne reconnaître aucune force probante à des actes qui ne seraient point conformes à la loi de ce pays. C'est ainsi qu'un acte de naissance reçu, nous le supposons, en France, par un curé, sous la forme d'un acte de baptême, ne ferait pas foi devant nos tribunaux, alors même qu'il intéresserait un étranger dont la loi n'a pas sécularisé les actes de l'état civil.

Quand on veut se prévaloir, en France, d'un acte de l'état civil, rédigé par un officier de l'état civil étranger en pays étranger, on doit, au préalable, le soumettre à la for-

(1) C. Pau. 19 févr. 1873 (Sirey, 1873, 2. 85) ; Trib. Seine, 21 août 1875 et C. Paris, 2 août 1875 (Sirey, 1879, 2. 250).

(2) C. Paris. 6 mai 1850 et C. Cass., 8 déc. 1851 (Sirey, 1852, 1. 161).

malité de la légalisation. La légalisation consiste dans la déclaration émanant d'un fonctionnaire public ayant reçu pouvoir à cet effet, de la vérité d'un acte dressé dans un pays étranger. La légalisation des actes, rédigés par des officiers publics étrangers, est faite par le consul français dans le ressort duquel l'acte est intervenu. La signature du consul doit elle-même être visée par le ministre des affaires étrangères ou les fonctionnaires qu'il aura délégués à cet effet (Ordonn. 25 oct. 1883, art. 6 et suiv.).

Le caractère impératif que nous venons d'attribuer à la règle « locus.... » comporte une dérogation qu'il importe de signaler.

L'article 48 du Code civil confère aux agents diploma-tiques français à l'étranger les fonctions d'officier de l'état civil, mais il ne leur reconnaît cette qualité que pour les actes intéressant des Français; la disposition du Code est formelle à cet égard. A titre d'officiers publics français, les agents diplomatiques et consulaires doivent suivre, pour la rédaction des actes, les formes instrumentaires requises par la loi française ; l'acte qu'ils auront reçu ne fera foi devant nos tribunaux qu'autant qu'il sera dressé dans ces conditions. La plupart des gouvernements étrangers attri-buent de même à leurs agents diplomatiques ou consu-laires les fonctions d'officier de l'état civil à l'étranger. On doit, en France, et malgré le silence du Code, reconnaître la compétence de ces agents. Le législateur, en ce qui touche les rapports internationaux, s'est toujours inspiré de l'idée de réciprocité. Par conséquent, les actes de l'état civil ré-digés, soit en France, soit ailleurs, par un agent diploma-tique ou consulaire et dans les formes prescrites par la loi dont cet agent est le représentant, feront foi devant nos tribunaux français. Ils ne feront foi bien entendu que s'ils concernent un national du pays accréditant l'agent diplo-

matique ou consulaire. La loi française ne reconnaissant
compétence à ses agents que pour les actes intéressant ses
nationaux, elle ne peut reconnaître des droits plus étendus
aux agents étrangers.

II. — *Un acte de l'état civil n'est pas représenté.* — Les
législations varient quant aux modes de preuve recevables,
au cas où l'on ne représente pas d'acte de l'état civil. Un
conflit peut donc s'élever, lorsqu'il s'agit d'établir devant
un tribunal français, soit les naissances ou les décès d'étrangers en France, soit les naissances ou les décès survenus à l'étranger. Comment résoudre le conflit? Il faut
d'abord écarter la loi du tribunal saisi de la question, en
ce sens du moins que ce n'est pas à ce seul titre qu'on peut
en admettre l'application normale. La lex fori n'est en effet
compétente que pour régler les formalités de procédure ; or,
il ne s'agit pas ici de déterminer la procédure à suivre,
mais les moyens de preuve qu'on a le droit d'invoquer pour
établir les naissances et les décès. Il faut également repousser l'application de la loi personnelle de l'individu dont
on entend prouver la naissance ou le décès. Elle aboutirait
en effet, comme la lex fori d'ailleurs, à rendre très difficile
souvent, parfois même impossible, la constatation des
naissances et des décès survenus en pays étranger. Il convient de ne pas perdre de vue que les parties ne peuvent
guère avoir à leur disposition que les moyens de preuve
organisés par le législateur du pays dans lequel est sur-
venu l'événement de la naissance ou du décès; c'est
donc à la loi de ce dernier pays qu'on doit, ration-
nellement et en bonne justice, se référer pour déterminer
les modes de preuve admissibles au cas de non représentation d'acte de l'état civil. Nous déciderons enfin et
pour les mêmes motifs qu'en cas de représentation d'un

acte, que l'application de la loi susdite doit être impérative.

De ces idées découlent les conséquences suivantes :

1° Pour déterminer les modes de preuve admissibles en l'absence de représentation d'un acte de l'état civil, les tribunaux français devront consulter la loi du pays étranger où sont survenus les naissances et les décès qu'on veut établir. C'est ainsi que, par exemple, si la loi de ce pays admet sans condition préalable une autre preuve que la preuve par écrit, la partie qui veut prouver dans les circonstances indiquées, soit une naissance, soit un décès, ne sera pas tenue d'abord, conformément à l'article 46 du Code civil, d'établir qu'il n'existe pas d'acte de l'état civil (1).

2° Pour la constatation des naissances et des décès, les tribunaux français devront, en cas de non-représentation d'acte de l'état civil, se référer exclusivement à la loi du pays dans lequel la naissance ou le décès se sont produits. Par conséquent la partie qui, sans représenter un acte de l'état civil, veut prouver la naissance ou le décès d'un étranger en France, doit au préalable, conformément à l'article 46 de notre code, établir qu'il n'existe pas d'acte de l'état civil. Cette preuve préalable doit être faite, alors même que la loi personnelle de l'étranger dont on entend prouver la naissance ou le décès ne la requiert pas et admet sans condition une autre preuve que la preuve par écrit.

(1) La jurisprudence semble fixée dans le sens contraire : C. cass., 12 août 1828 (Sirey, 1829, 1. 42), C. cass., 9 juillet 1873 (Sirey, 1873, 1. 405).

SECTION II.

MARIAGE.

La plupart des législations imposent certaines conditions de solennité pour la formation même du mariage ; mais elles diffèrent entre elles sur le caractère de ces solennités. Les unes exigent l'intervention d'un officier public (France, Belgique, Hollande, Allemagne, Italie, Suisse...) ; d'autres, l'observation de cérémonies religieuses (Danemarck, Brésil...) ; d'autres enfin, soit l'intervention d'un officier public, soit l'observation de cérémonies religieuses (Angleterre, Autriche, Russie, Suède, Norwège, Portugal, Espagne...). Dans quelques pays au contraire, le simple consentement des parties suffit, comme en droit romain, pour la perfection du mariage (Ecosse, Amérique du Nord...) (1). Cette diversité de législations est de nature à soulever de nombreux conflits. Comment le droit français les résout-il ? Nous distinguerons les mariages conclus à l'étranger et les mariages conclus en France.

CÉLÉBRATION DU MARIAGE. — I. *Mariages conclus à l'étranger*. — Un Français veut contracter mariage dans un pays étranger. A quelles conditions de formes est subordonnée la validité du mariage ? L'article 170 du Code civil répond à la question : « Le mariage, contracté en pays étranger entre Français et entre Français et étrangers, sera valable s'il a été célébré dans les formes usitées dans ce pays ». Le législateur n'aurait guère pu consacrer une autre solution qu'au prix des plus graves inconvénients : à décider autrement, à contraindre les parties à se con-

(1) Consulter, pour les détails, Glasson. Le mariage civil, p. 68, 227.

former toujours aux prescriptions de leur loi personnelle,
on risquait de leur enlever dans bien des cas l'exercice
d'un droit naturel, la liberté du mariage. Le Code ne fait
ainsi que formuler l'application pure et simple aux formalités du mariage du vieil adage « locus regit actum ».
On a pourtant prétendu le contraire et soutenu que
l'art. 170 constituait non pas une application normale,
mais bien une extension de la règle « locus... ». Dans
notre ancien droit, dit-on, la lex loci n'était en principe
compétente que pour régler la forme instrumentaire des
actes et l'on ajoute que tout le monde ne s'accordait pas
pour l'étendre à la détermination des solennités du mariage. Le Code ne serait alors intervenu que pour assurer
la jurisprudence et sanctionner législativement cette extension. Mais, nous avons eu déjà l'occasion de le remarquer, le système de l'application restreinte de l'adage à la
forme instrumentaire des écrits ne représente nullement
la tradition de notre ancien droit et rien dans les travaux
préparatoires n'autorise d'autre part à croire que le Code
ait voulu le consacrer. Du reste la jurisprudence n'était
point incertaine à cet égard ; tous les arrêts que nous
avons mentionnés, et sans que leur rédaction témoigne
d'une décision exceptionnelle, s'accordent à reconnaître
que les formalités de la célébration du mariage dépendent
de la loi du pays où le mariage est conclu. Peut-on prétendre qu'on ne s'expliquerait guère alors la disposition
spéciale de l'art. 170, et que la formule générale de l'art. 47
la rendait absolument inutile. Pour faire justice de l'objection, il suffit d'observer que les deux articles ne se
réfèrent pas au même ordre d'idées : l'art. 170 vise la formation même d'un contrat ; l'art. 47 ne vise que la preuve
d'un fait (1).

(1) Laurent. Dr. civ. internat., t. VI, p. 445.

De la disposition du Code, et quoi qu'on puisse penser de son caractère théorique, découlent les conséquences suivantes :

1° Le mariage célébré à l'étranger, soit entre Français, soit entre Français et étrangers, sera considéré comme valable en France, pourvu qu'on ait suivi toutes les formalités requises par la loi locale étrangère. Tel serait, par exemple, le mariage célébré devant un registrar en Angleterre, ou le mariage contracté par devant notaire en Norwège (1) ;

2° Le mariage, contracté par un Français devant un ministre du culte, dans un pays dont la loi reconnaît le mariage religieux, est valable en France, quelle que soit la nationalité de l'autre partie. Il en serait ainsi, par exemple, du mariage contracté par un Français devant un prêtre en Espagne (2). Il ne faudrait pas objecter que le législateur n'entend autoriser que les mariages conclus dans les formes civiles. Le mariage religieux, en effet, dès l'instant qu'il est reconnu par la loi civile étrangère, constitue véritablement aux yeux de la loi locale un mariage civil. Aussi convient-il de maintenir la même solution à l'égard du mariage religieux contracté dans un pays étranger, alors même que la loi de ce pays admet concurremment le mariage religieux et le mariage civil.

(1) Trib. Seine, 27 juin 1878 (Journ. M. Clunet, 1878, p. 609).

(2) La doctrine est unanime : Fœlix et Demangeat. Dr. intern. t. II, p. 367 ; Aubry et Rau, t. V, p. 121 ; Demolombe, t. III, p. 317 ; Laurent. Dr. civ. intern., t. IV, p. 445 et suiv. — La jurisprudence est constante : voir arrêt C. cassat., 16 juin 1829 (Sirey, 1828-1830, 1. 312) ; C. cassat. 20 janvier 1879 (Sirey, 1879, 1. 417), indépendamment des nombreuses décisions intermédiaires qui consacrent la même doctrine : voir aussi Trib. civ. Seine, 5 déc. 1883 (Journ. M. Clunet, 1884, p. 67).

3° Le mariage contracté par un Français, en l'absence de toute solennité civile ou religieuse, dans un pays qui reconnaît le mariage solo consensu, sera considéré comme valable en France. Tel serait, par exemple, le mariage conclu dans ces conditions par un Français à New-York. Le Code civil, en effet, n'exige pas que le mariage ait été célébré par un officier public, ni qu'il soit constaté dans un acte authentique. L'observance des formes locales, quelles qu'elles soient, suffit pour la validité du mariage. On serait peut-être au premier abord tenté de prétendre que l'art. 170 n'autorise pas une formule aussi générale. Le terme « célébré » qu'emploie le Code, pourrait-on dire, exclut implicitement de l'application de la règle « locus... » le cas où le mariage a lieu dans un pays dont la loi n'impose aucune espèce de solennité pour la formation de ce contrat. Mais, abstraction faite de la grande compréhension qu'avait le mot « célébré » dans l'ancienne langue juridique, les considérations dont le législateur s'est inspiré (1) condamnent cette interprétation trop étroite et justifient l'application la plus large de la règle « locus... » aux formes du mariage. Telle est la solution qu'on doit accepter, si l'on veut écarter des résultats regrettables. A décider autrement, on risquerait de placer un Français qui veut épouser une étrangère dans un pays où le mariage solo consensu seul est admis, dans l'impossibilité de contracter une union valable. Il ne faut pas objecter qu'il aurait la ressource de se marier devant le consul français : car, dans l'espèce, et comme nous le verrons plus loin, ce dernier serait incompétent (2).

---

(1) Fenet. Exposé des motifs présentés par Portalis, t. IX, p. 157.

(2) C'est la solution que s'accordent à donner la doctrine et la jurisprudence : voir pour la doctrine les autorités citées sous l'alinéa qui

L'application de l'adage « locus... » aux formalités du mariage était de nature à faciliter de nombreuses fraudes à la loi française. Aussi le Code, pour prévenir ce danger, soumet-il le Français qui veut se marier à l'étranger à l'accomplissement d'une formalité spéciale. L'article 170 exige en effet que le mariage, contracté par un Français en pays étranger dans les formes locales étrangères, soit précédé de publications faites en France, conformément à l'art. 63 du Code civil. Cette disposition restreint ainsi les conséquences de la maxime « locus... »; puisque les publications rentrent plutôt dans les formes relatives à la célébration que dans les conditions de capacité : mais cette restriction se justifie très bien, si l'on considère que cette forme tend particulièrement à faire connaître la capacité personnelle des parties et se rattache dès lors aux dispositions qui la régissent. On a beaucoup discuté sur la sanction de la prescription de l'art. 170. Les uns soutenaient que son inobservation ne devait jamais entraîner la nullité du mariage (1); d'autres prétendaient, au contraire, qu'elle devait l'entraîner nécessairement (2). Entre ces deux systèmes trop absolus l'un et l'autre, il s'est formé depuis longtemps une doctrine intermédiaire qui confère aux tribunaux un pouvoir discrétionnaire pour annuler ou maintenir le mariage suivant les circonstances : c'est l'opinion dominante aujourd'hui chez les auteurs et constante en jurisprudence (3).

précède ; voir pour la jurisprudence, C. Cass., 20 déc. 1841 (Sirey, 1842, 1. 321), et C. Paris, 20 janvier 1873 (Sirey, 1873, 2. 177).

(1) Merlin. Répert., t. XVI, V° Bans de mariage, n° 2 ; Zachariæ, t, III, p. 312-314.

(2) Delvincourt. T. I, p. 68; Marcadé, t. II, art. 170, n° 2.

(3) Aubry et Rau. T. V, p. 123 ; Demolombe, t. III, p. 328; Laurent, Pr. dr. civ., t. III, p. 39, et Dr. civ. int., t. IV, p. 497. C. Bordeaux,

II. *Mariages conclus en France*. — La disposition de l'art. 170 ne vise que les mariages contractés par des Français à l'étranger. Le Code civil ne prévoit pas textuellement l'hypothèse inverse, le cas où le mariage intervient en France entre étrangers ou bien entre étrangers et Français. On peut voir, en consultant les travaux préparatoires, à quelle circonstance il faut attribuer cette lacune. Lors de la discussion au Conseil d'Etat, le premier consul demanda : « Pourquoi le projet ne s'exprimait pas sur les mariages contractés en France par des étrangers ». Réal répondit qu'un article réglait déjà la question. C'est sur cette observation inexacte qu'on passa outre (1).

Quoi qu'il en soit, tout le monde est d'accord pour admettre qu'on doit dans l'espèce appliquer par analogie la règle « locus... » et reconnaître comme valable le mariage contracté par un étranger en France, dans les formes prescrites par le Code civil (2).

Caractère de la règle « locus... » dans son application à la forme du mariage. — Il nous reste maintenant à rechercher s'il faut en notre matière considérer la règle comme impérative ou comme simplement facultative. Nous estimons qu'on doit lui reconnaître un caractère impératif. En d'autres termes, les tribunaux français ne devront déclarer valable un mariage, qu'autant qu'on aura suivi, pour les formes du contrat, les prescriptions de la loi du pays dans lequel il est intervenu, sans avoir à se préoccuper de la nationalité des parties contractantes. Pour

14 mars 1850 (Sirey, 1852, 2. 261); C. Cass., 16 févr. 1866 (Sirey, 1866, 1. 206); C. Cass., 14 déc. 1880 (Sirey, 1881, 1. 349); C. Paris, 28 février 1881 (Journ. M. Clunet, 1881, p. 364).

(1) Fenet. T. IX, p. 37.

(2) Laurent. Dr. civ. interp., t. IV, p. 507.

appuyer cette solution, peut-être pourrait-on invoquer
d'abord la rédaction même de l'art. 170 et soutenir que,
par ces mots : « Le mariage sera valable s'il a été célébré... », le législateur impose à peine de nullité le respect
des formes locales. Nous écartons toutefois un tel argument. On peut objecter en effet, et non sans raison, que le
même article semble bien dans ses termes exiger avec la
même rigueur des publications en France qui pourtant, de
l'avis général, ne sont point requises à peine de nullité.
La terminologie du Code n'est point toujours assez strictement exacte pour nous autoriser à fonder notre décision
sur la simple apparence impérative de la formule de l'article 170.

Mais, à défaut d'argument de texte péremptoire, nous
pouvons, pour justifier le caractère impératif de la règle,
faire valoir des considérations de la plus haute gravité
qui nous paraissent décisives. Nous reconnaissons volontiers, avec les partisans de l'application facultative, qu'il
convient de faciliter le mariage dans une mesure aussi
large que possible : il faut que tout individu, quel que soit
le pays dans lequel il se trouve, quelles que soient les dispositions de sa loi personnelle, quelle que soit la nationalité de son futur conjoint, puisse contracter facilement
partout un mariage valable. Seulement, il ne suffit pas de
se soucier de faciliter le mariage ; il importe de se préoccuper également d'en assurer l'universelle validité.

Le mariage, en effet, ne constitue pas un contrat ordinaire, c'est un acte d'une importance exceptionnelle. Il est
le fondement de la famille et forme à ce titre l'une des
bases de l'ordre social, ordre que l'on compromettrait gra-
vement, si l'on rendait l'existence du mariage instable et
précaire. Supposons que deux personnes se marient en
pays étranger, non pas en se conformant aux formes

prescrites par la loi locale, mais en suivant les formalités requises par leur loi personnelle. Les tribunaux du pays auquel la nationalité les rattache pourront sans doute reconnaître la validité d'une telle union ; mais les tribunaux du lieu de célébration auront le droit d'en prononcer la nullité. La même personne serait donc considérée comme mariée dans un pays, comme non mariée dans un autre ; les enfants issus de cette union, légitimes dans un pays, seraient considérés comme illégitimes dans un autre. On comprend, sans qu'il soit besoin de multiplier les exemples, à quels résultats profondément regrettables aboutirait fatalement la solution contraire à la nôtre ; pour les prévenir, et on voit qu'il y a nécesité de le faire, il faut admettre l'application rigoureuse de la lex loci matrimonii (1). Du caractère impératif de la règle « locus... » découlent les conséquences suivantes :

1° Les tribunaux français, pour apprécier la validité d'un mariage quant à la forme, ne devront pas se préoccuper de la loi personnelle des parties ; ils devront consulter uniquement la loi du lieu de célébration et déclarer nul en conséquence un mariage qui ne serait pas conforme aux prescriptions de cette loi. Ne devrait donc pas être reconnu comme valable en France le mariage qu'y contracteraient, devant un ministre du culte, deux étrangers, deux Brésiliens par exemple, dont la loi nationale n'admet que le mariage religieux. Telle est la solution qu'a donnée la jurisprudence dans une espèce intéressante à relater. Deux lettres émanant du ministre de la justice (1810 et 1815) avaient, en substance, déclaré que les étrangers n'étaient

____

(1) Merlin. Répert., V° Preuve ; Gérardin, Rev. prat., t. XXI, p. 269 ; Laurent. Dr. civ, int., t. IV, p 448 et suiv. ; Contrà : Fœlix et Demangeat, t. I, p. 113 ; Brocher. Dr. int., p. 373.

point astreints à se soumettre aux formalités requises par
la loi française. Sur l'autorité purement doctrinale de ces
lettres, un mariage avait été célébré devant un ministre
protestant à Paris, entre un Hessois et une Française,
suivant la loi du duché de Hesse. Sans tenir compte des
lettres ministérielles, le tribunal de la Seine annula le
mariage contracté dans ces conditions et, sur appel, la
Cour de Paris maintint la décision (18 déc. 1877) (1).

2° Lorsqu'à l'occasion d'un mariage contracté dans un
pays étranger les tribunaux français seront saisis d'une
action en nullité basée sur un vice de célébration, ils devront consulter exclusivement la loi étrangère. C'est ainsi
qu'ils devraient annuler un mariage contracté par des
Français en Angleterre et nul pour vices de formes d'après
la législation anglaise très sévère sur ce point, bien qu'à
l'apprécier d'après le Code civil, une telle union fût valable.

M. Laurent n'admet pas cette conséquence du caractère
impératif de la règle « locus..... » Il décide que le mariage
contracté par des Français en pays étranger ne peut être
attaqué pour vice de formes que dans les cas et sous les
conditions prévues par la loi française. Le savant professeur est pourtant partisan de la doctrine qui reconnaît en
notre matière un caractère impératif à la règle; mais il
n'en accepte toutes les conséquences que dans l'hypothèse
d'un mariage contracté par des étrangers en France (2).
Nous avouons franchement ne pas bien voir sur quelle
base rationnelle on pourrait faire reposer une pareille distinction. Il nous semble que la logique commande dans les

(1) Sirey, 1838, 2. 113.
(2) Laurent, Dr. civ. int., t. IV, p. 496.

deux catégories d'hypothèses une solution symétrique, et ce n'est que sur l'autorité de considérations spéciales très puissantes qu'il conviendrait de restreindre les effets naturels du caractère impératif de la règle « locus... ». Nous reconnaissons avec M. Laurent que le mariage est soumis à une règle toute spéciale en ce qui concerne la nullité du contrat, qu'on n'en peut demander l'annulation que lorsque la loi prononce expressément la nullité. Mais nous contestons qu'il faille appliquer absolument cette règle et l'étendre aux mariages contractés à l'étranger. C'est une subtilité de prétendre que l'article 170 ne décide pas une question de nullité. Du moment qu'on l'interprète dans le sens impératif, on doit nécessairement admettre qu'il faut s'attacher exclusivement à la loi locale étrangère pour déterminer les effets qu'entraîne l'inobservation des formalités imposées et régler sous quelles conditions on peut s'en prévaloir. Le principe qui doit dominer en cette matière, dit en terminant M. Laurent, c'est qu'il faut maintenir le mariage quand l'annulation n'est pas commandée par des motifs d'ordre public. Mais nous pouvons précisément invoquer les plus graves considérations d'ordre public pour annuler le mariage célébré dans les conditions indiquées plus haut, par des Français en Angleterre. Le système que nous combattons aboutit en effet à considérer comme valable en France un mariage dont les tribunaux anglais, et à bon droit, prononceront la nullité : conflit éminemment regrettable qu'il faut prévenir par l'application impérative de la règle « locus regit actum ».

Les tribunaux français devront se référer uniquement à la loi locale étrangère pour déterminer les formalités dont l'absence entraîne la nullité du mariage, les personnes qui peuvent demander cette nullité, le délai pendant lequel on peut l'invoquer, les fins de non-recevoir qui peuvent être opposées.

Ainsi, dans l'hypothèse de mariages contractés à l'étranger, soit entre Français, soit entre Français et étrangers, les tribunaux français, sur une demande en nullité, ne devront pas se préoccuper de la disposition de l'article 196 du Code civil. Cet article suppose deux personnes en possession de l'état d'époux : l'une d'elles oppose à l'autre ou demande contre elle la nullité de l'acte de célébration, ce qui doit entraîner la nullité du mariage lui-même. L'autre époux repousse cette demande par une fin de non recevoir tirée de ce que les vices de l'acte sont couverts par la possession d'état. Les vices auxquels fait allusion l'article 196 sont, du moins dans le système le plus accrédité, les deux cas de nullité prévus par l'article 191 : incompétence de l'officier de l'état civil, clandestinité de la célébration du mariage (1). S'il y a possession d'état, les tribunaux ne jouissent plus du pouvoir discrétionnaire que leur accorde l'article 193, en présence de mariages entachés de l'un ou de l'autre des vices indiqués ; ils doivent nécessairement rejeter la demande en nullité du mariage.

Mais l'article 196 ne régit que les mariages célébrés en France ; il ne s'applique pas aux mariages contractés à l'étranger. L'art. 170, nous l'avons vu, décide, en application de la règle « locus.... », que la validité des mariages passés à l'étranger doit, en ce qui concerne les formalités de la célébration, être exclusivement appréciée d'après les lois du pays de la célébration. D'où découle cette conséquence nécessaire que ces mêmes lois doivent aussi régir

(1) Valette, sur Proudhon, t. I, p. 443, note *a*; Demolombe, t. III, n° 328, Marcadé, sur l'art. 191, n° 3 et sur l'art. 196, n° 1.

tout ce qui se réfère à la preuve de ces mariages. Il y aurait, nous semble-t-il, violation de l'article 170 à déclarer non recevable, en vertu d'une disposition de la loi française, une demande en nullité d'un mariage dont les formalités extrinsèques sont soumises à la loi d'un pays étranger. L'art. 170 déroge implicitement aux articles 194 et 195, comme l'a reconnu la jurisprudence dans de nombreuses décisions que nous avons relevées ; il déroge de même à l'article 196 qu'un lien étroit rattache aux deux dispositions qui le précèdent. En conséquence, si la législation étrangère ne renferme pas une disposition analogue à celle de l'article 196, mais qu'elle édicte une nullité facultative, les tribunaux français jouiront d'un pouvoir discrétionnaire et pourront, malgré la possession d'état par eux constatée, prononcer la nullité du mariage (1).

Les tribunaux français devront aussi consulter uniquement la loi étrangère pour décider si le mariage, annulé pour vice de forme, peut produire des effets comme mariage putatif et déterminer alors quels sont ses effets. Le caractère putatif d'un mariage, en effet, ne constitue qu'une restriction aux conséquences ordinaires de la nullité, restriction qu'il faut soumettre à la même loi que la nullité (2).

Nous devons maintenant, et pour bien préciser la portée de l'adage « locus... » dans son application aux formalités du mariage, ne pas omettre une observation d'une haute importance.

L'article 170 du Code civil ne réserve pas, pour la célé-

_____

(1) Gérardin. Revue pratique, t. XXI, loc. cit.: Contra: C. Cassat., 25 févr. 1839 (Sirey, 1839, 1. 187); C. Cass., 8 nov. 1853 (Sirey, 1856, 1. 17); C. Cass., 26 juillet 1865 (Sirey, 1865, 1. 393); C. Lyon, 28 février 1880 (Journ. M. Clunet, 1880. p. 479),

(2) Voir en sens contraire Brocher. Dr. int., p. 146.

bration des mariages des Français en pays étranger, la
compétence des agents diplomatiques ou consulaires français. On admet toutefois généralement que les agents extérieurs français ont qualité pour célébrer à l'étranger les
mariages entre leurs nationaux. On invoque à l'appui de
cette solution les termes généraux de l'article 48 : « Tout
acte de l'État civil des Français en pays étranger sera valable, s'il a été reçu conformément aux lois françaises par
les agents diplomatiques ou par les consuls. » Pour prétendre que le législateur a voulu déroger en matière de
mariage à la disposition large de ce dernier article, on ne
saurait guère se prévaloir du silence de l'article 170. Si cet
article ne mentionne pas les agents extérieurs, c'est sans
doute qu'il comprend dans une seule et même formule deux
cas différents, l'un du mariage entre Français dans lequel
les agents diplomatiques et consuls sont compétents et
l'autre du mariage entre Français et étrangers, dans lequel ils sont incompétents. Il eût fallu deux dispositions distinctes, mais ce dédoublement eût amené la
répétition des articles 47 et 48. Telle est la doctrine à
peu près unanime des auteurs ; on ne peut signaler
que le dissentiment de Favard de Langlade (1). Cette
solution est d'ailleurs si bien reconnue que les tribunaux français n'ont jamais été, que nous sachions, saisis
de la question de la compétence des agents extérieurs
restreinte aux mariages conclus entre Français seulement. Les agents diplomatiques ou consulaires français
peuvent donc célébrer le mariage de leurs nationaux à
l'étranger dans les formes établies par le Code civil. Mais
l'agent français a-t-il qualité pour célébrer à l'étranger le
mariage d'un Français et d'un étranger? Comme nous

(1) Favard de Langlade. Répert. Mariage, sect. 3, § 2.

l'avons déjà dit incidemment, il ne faut pas lui reconnaître une telle compétence : c'est la décision qu'imposent l'article 47 du Code civil et l'Ordonnance de 1833. Comme on l'a justement fait remarquer, il existe entre les articles 47 et 48 une opposition de termes formelle et de nature à lever tous les doutes. Tandis, en effet, que l'article 47 reconnaît la compétence des officiers étrangers pour les actes qui concernent les Français et les étrangers, l'art. 48 ne se réfère qu'aux actes intéressant exclusivement des Français. De même l'Ordonnance de 1883 se place toujours dans l'hypothèse d'un mariage entre Français. Dans notre droit positif, cette solution a rallié tous les auteurs, et la Cour de cassation l'a consacrée dans un arrêt célèbre à l'occasion d'un mariage contracté devant le consul français à Constantinople par un Français avec une femme sujette de l'empire ottoman (1).

- La plupart des nations reconnaissent, comme la France, à leurs agents diplomatiques ou consulaires le droit de célébrer à l'étranger les mariages intervenant entre leurs nationaux. Si donc deux personnes étrangères se marient en France devant l'agent extérieur qu'accrédite leur pays, le mariage célébré dans les formes prescrites par leur loi nationale doit être considéré comme valable en France. Le législateur français, en effet, en demandant aux nations étrangères de reconnaître le mariage célébré par les agents français dans ces conditions, s'engage par là même à reconnaître les mariages célébrés par les agents étrangers dans les mêmes conditions. Mais si le mariage contracté devant un agent étranger en France n'intervient point entre personnes appartenant toutes deux à la même nation que cet agent, les tribunaux français en devront prononcer

(1) C. Cass., 10 août 1819 (Sirey, 1819-1821, 1. 111).

la nullité. Le législateur français n'accorde à ses agents, diplomatiques et consulaires que le pouvoir de célébrer à l'étranger le mariage entre Français ; il n'entend évidemment pas reconnaître des droits plus étendus aux agents étrangers pour les mariages qu'ils célèbrent en France. Aussi la jurisprudence s'accorde-t-elle avec la doctrine pour décider que les agents diplomatiques ou consulaires étrangers ne sont compétents en France que pour célébrer les mariages entre nationaux du pays qui les accrédite (1).

Preuve du mariage. — Nous ne nous sommes préoccupé jusqu'à présent que des conflits soulevés par la célébration, par la formation même du mariage. Le mode de constatation, autrement dit la preuve du mariage est également de nature à soulever des conflits. Comment les résoudre?

La constatation du mariage peut résulter, soit d'un écrit, rédigé spécialement dans ce but et que nous appellerons acte de mariage, soit d'autres moyens de preuve, quand on ne peut représenter cet acte ou qu'il n'en a jamais été rédigé. Nous étudierons donc successivement les conflits susceptibles de se présenter dans ces deux catégories d'hypothèses.

I. *Un acte de mariage est représenté.* — L'acte de mariage rentre dans la classe des actes de l'état civil; par conséquent, pour régler les conflits que sa forme soulève, il faut se référer aux articles 47 et 48 qui s'appliquent d'une manière générale à tous les actes de l'état civil. Or, les

---

(1) Laurent. Princip. dr. civ., t. II, p. 19 et Dr. civ. int., t. IV, p. 466 et suiv.; C. Douai, 19 août 1843 (Sirey, 1844, 1. 195); C. Paris, 6 avril 1869 Sirey, 1870, 2. 178); Trib. Seine, 2 juillet 1872 et 21 juin 1873 (Journ. M. Clunet, 1874, p. 71).

deux articles cités ne font que formuler l'application de l'adage « locus... » aux formalités instrumentaires des actes de l'état civil. Il faudra donc, pour déterminer la forme que doit recevoir l'acte de mariage, pour apprécier sa force probante, consulter la loi du pays dans lequel il a été dressé. Car il ne suffirait pas de reconnaître aux parties la faculté de contracter valablement mariage en tous lieux ; il importe au même degré de leur assurer en même temps le moyen de pouvoir faire légalement constater partout leur mariage ; résultat qu'on ne saurait atteindre qu'en accordant partout force probante à l'acte de mariage rédigé conformément à la lex loci matrimonii. Si l'on exigeait un acte dressé dans la forme requise par la loi nationale des parties, on aboutirait à restreindre indirectement la liberté du mariage que le législateur entend au contraire favoriser en appliquant la règle « locus... » aux formalités de la célébration du contrat.

Il convient en outre de ne pas attribuer à la règle « locus... », dans son application à la forme de l'acte de mariage, un caractère simplement facultatif. Il faut n'accorder force probante à l'écrit qu'autant qu'il est revêtu des formes prescrites par la loi locale ; on doit, à défaut de cette conformité, lui refuser toute valeur probante, fût-il même dressé dans les formes requises par la loi personnelle des parties. A quels risques n'exposerait-on pas les époux, à donner une décision contraire. Leur acte de mariage, rédigé conformément à leur loi personnelle, pourrait faire foi sans doute dans le pays auquel ils se rattachent, mais il n'y aurait pas de raison pour qu'on reconnût à l'acte, dans les autres pays, la même force probante : résultat fâcheux qu'il faut éviter et qu'on ne peut écarter qu'en imposant l'observation des formalités instrumentaires exigées par la loi du lieu du mariage.

De ces principes découlent les conséquences suivantes :

1° L'acte de mariage, reçu par l'officier de l'état civil en France, doit être, quelle que soit la nationalité des parties, rédigé dans les formes prescrites par la loi française et ne fera foi qu'à cette condition. De même l'acte de mariage, reçu par un agent diplomatique ou consulaire français en pays étranger, doit être dressé dans les formes de la loi française. Il faudra dans les deux cas se référer uniquement à la loi française pour apprécier la valeur probante de l'acte (art. 45, Code civil, et ordonnance, 28 oct. 1833, art. 2).

2° L'acte de mariage, reçu par l'officier de l'état civil en pays étranger, doit être dressé dans les formes requises par la loi locale et ne pourra faire foi devant les tribunaux français s'il n'est pas revêtu de ces formes. De même l'acte de mariage, reçu, soit en France, soit hors de France, par des agents diplomatiques ou consulaires étrangers ne fera foi devant nos tribunaux que s'il est rédigé dans les formes de la loi du pays qui les accrédite. Dans le premier cas, il faudra, pour déterminer la force probante de l'acte, consulter exclusivement la loi du lieu dans lequel le mariage est intervenu ; et dans le second, s'en rapporter uniquement à la loi nationale de l'agent diplomatique ou consulaire (1).

II. *Un acte de mariage n'est pas représenté.* — Les législations varient beaucoup relativement aux modes de preuve autorisés, quand on ne rapporte pas d'acte de mariage. Des

---

(1) La doctrine est unanime en ce sens et la jurisprudence constante : Fœlix et Demangeat. Dr. int., t. II, p. 367 ; Aubry et Rau, t. V, p. 121 ; Laurent. Dr. civ. int., t. IV, p. 445 et suiv., etc. ; C. cass., 16 juin 1829 Sirey, 1828-1830, 1. 312) ; C. cass., 20 janv. 1879 (Sirey, 1879, 1. 417).

conflits peuvent donc s'élever, soit qu'on envisage des mariages conclus à l'étranger, soit qu'on envisage des mariages contractés par des étrangers en France. Si l'on suppose qu'on veuille prouver devant un tribunal français un mariage intervenu dans ces conditions, comment devra-t-on résoudre le conflit? En d'autres termes, quelle loi faudrat-t-il consulter pour régler l'admission de la preuve? Nous répondons sans hésiter qu'il faut appliquer encore ici la règle « locus... » et se référer à la loi du pays où le mariage est intervenu pour la détermination des modes de preuve recevables. Sans doute les articles 47 et 48 du Code civil ne consacrent en termes formels l'application de l'adage qu'à la forme instrumentaire des actes. Mais on ne saurait se prévaloir de leur rédaction pour prétendre qu'il faut restreindre cette application à l'hypothèse de la représentation d'un écrit. Le législateur reconnaît implicitement qu'on doit, d'une manière générale, pour fixer les moyens de preuve admissibles, se reporter à la loi du lieu dans lequel le fait s'est produit. S'il ne vise expressément que la forme instrumentaire, c'est qu'il a simplement prévu le mode de preuve le plus habituel, sans qu'il faille lui prêter l'intention d'exclure les autres. N'est-ce pas, d'ailleurs, dans un sens analogue que tout le monde interprète, malgré sa formule également étroite, la disposition de l'article 170. On peut enfin, en faveur de l'application large de la règle « locus... », invoquer les considérations suivantes qui nous semblent décisives. Le législateur, nous l'avons dit, veut faciliter la conclusion des mariages : si tel est son but, on doit reconnaître qu'il entend faciliter en même temps leur constatation. Ce serait méconnaître ses intentions, que d'empêcher ou simplement d'entraver cette constatation, et d'assujettir les parties intéressées à fournir d'autres preuves que celles qu'admet la lex loci matri-

monii. Les époux n'auront guère pu se procurer que les
moyens de preuve établis par la loi du lieu dans lequel ils
se sont mariés. En leur refusant le droit d'invoquer ces
moyens de preuve devant les tribunaux, on risquerait de
les mettre dans l'impossibité de prouver leur mariage.

Mais faut-il s'attacher exclusivement à la loi du lieu du
mariage pour déterminer les moyens de preuve recevables
et repousser un mode de preuve qu'autoriserait la loi personnelle des parties, mais que n'admettrait pas la loi locale? Nous croyons qu'il convient de répondre affirmativement. Voyons, en effet, quel résultat entraînerait la solution contraire. Les tribunaux de la nation à laquelle les
parties appartiennent pourraient sans doute admettre les
moyens de preuve reconnus par la loi personnelle des
époux; mais les tribunaux du pays où le mariage est intervenu n'accepteraient très probablement que les modes de
preuves de la loi locale : c'est cette antinomie regrettable
de deux décisions judiciaires sur une question aussi grave
qu'il importe d'écarter et que prévient facilement l'application impérative de la règle « locus regit actum. »

De ces principes découlent les conséquences suivantes :

1° Dans l'hypothèse d'un mariage conclu dans un pays
dont la loi reconnaît la possession d'état comme moyen
normal de constatation du mariage, les tribunaux français
devront accueillir ce mode de preuve, quelle que soit la
nationalité des parties, et consulter la loi locale étrangère
pour apprécier les éléments constitutifs de la possession
d'état. C'est ainsi que la simple possession d'état sera suf-
fisante pour établir en France, et sans aucune condition
préalable, la preuve d'un mariage contracté dans l'État de
New-York (1).

______

(1) Fœlix et Demangeat. T. II, p. 367; Aubry et Rau, t. V, p. 121;

2° Les tribunaux français n'auront pas à se préoccuper de la loi personnelle des parties; ils ne devront jamais admettre, pour la constatation du mariage, que les modes de preuve reconnus par la loi du pays où le mariage est intervenu. C'est ainsi que des sujets de l'Etat de New-York ne pourront prouver en France par la possession d'état le mariage qu'ils auraient contracté dans notre pays, que sous les conditions spéciales déterminées par le Code civil. Il n'y a d'ailleurs rien d'excessif à décider ainsi : les lois de chaque pays assurent en effet aux parties les moyens d'établir l'existence des mariages contractés sur leur territoire; il dépendra toujours des époux de s'assurer les moyens de preuve reconnus par la loi du pays dans lequel ils se sont mariés.

SECTION III.

TESTAMENTS.

En droit français, le testament est un acte solennel : la volonté du défunt, si certaine qu'elle soit, ne peut constituer un testament qu'autant qu'elle est constatée par un écrit, et cet écrit doit être dressé dans des formes déterminées. D'un autre côté, beaucoup de législations, tout en exigeant un écrit, le soumettent à des conditions de forme différentes de celles que requiert la loi française. D'autres enfin reconnaissent la validité d'un testament purement verbal.

Dans un pareil état de choses, on conçoit qu'il puisse s'é-

Laurent. Dr. civ. int., t. IV, p. 445 et suiv.; Verger. Rev. prat., 1880, p. 62; C. cass., 20 déc. 1841 (Sirey, 1842, 1. 321); C. Paris, 20 janv. 1873 (Sirey, 1873, 2. 177).

lever une double catégorie de conflits : 1° conflit entre deux législations exigeant toutes deux un écrit, mais avec des formalités différentes ; 2° conflit entre deux législations dont l'une seulement exige un écrit. Nous étudierons successivement sur chaque conflit les deux hypothèses suivantes : 1° testament fait à l'étranger par un Français ; 2° testament fait en France par un étranger.

1°. — Un Francais se trouve sur un territoire étranger. Il y pourra faire son testament dans les formes authentiques de ce pays et le testament ainsi rédigé sera valable en France, quelle que soit la situation des immeubles. Telle est la solution que donné en termes formels l'article 999 du Code civil. Cet article ne fait ainsi d'ailleurs que formuler, une application dès longtemps reconnue de l'adage « locus regit actum », fondée qu'elle est sur de puissantes considérations d'intérêt pratique. Qu'en effet le disposant soit réduit à suivre les formes prescrites par sa loi personnelle, il sera dans l'impossibilité juridique de tester, si cette loi n'admet que la forme authentique ; et, à supposer qu'elle reconnaisse aussi la forme olographe, il sera dans l'impossibilité matérielle de faire un testament, s'il ne sait ou ne peut écrire ; graves inconvénients qu'écarte l'application de la règle « locus... ». Si donc un Français se trouve dans un pays où ce sont les tribunaux qui reçoivent les testaments authentiques, en Autriche par exemple (1), et qu'il y fasse son testament dans cette forme, son testament sera valable en France.

En Angleterre, l'authenticité des testaments ne dépend point à proprement parler de l'intervention d'un officier public. Le testament est rédigé par un tiers ; le testateur

____

(1) Anthoine de Saint-Joseph, t. I, p. 102.

déclare sa volonté en présence de quatre témoins ; puis
l'acte est signé et scellé par le disposant et les témoins.

Ainsi fait le testament est considéré comme authentique (1). La Cour de cassation a jugé qu'un testament,
dressé dans ces conditions par un Français en Angleterre,
était valable en France (2). « Le législateur, dit à ce sujet
M. Laurent, entend faciliter aux Français le moyen de tester
en pays étranger ; dès lors, il devait s'en rapporter à la loi
étrangère. Exiger l'intervention d'un officier public, comme
le fait le Code Napoléon, ce serait mettre les Français dans
l'impossibilité de faire en Angleterre un testament solennel, et même de faire aucun testament, s'il leur est impossible de tester dans la forme olographe (3). »

Il convient de généraliser une solution qui se recommande d'aussi sérieux motifs. Il faut en conséquence déclarer valable en France le testament fait à l'étranger par
un Français dans les formes authentiques étrangères locales, alors même qu'aucun officier public n'est intervenu
dans la confection du testament. Cette doctrine, en harmonie du reste avec les termes larges de l'art. 999, a rallié
la majorité des auteurs (4) et a été de nouveau consacrée
par la jurisprudence (5).

Outre la faculté qu'il accorde au Français à l'étranger de
tester dans les formes authentiques locales, le Code civil
l'autorise à disposer dans la forme olographe française
(art. 999). Mais le législateur veut-il par là restreindre la portée de l'adage « locus... »? Entend-il exclure son application,

---

(1) Laya. Droit anglais, t. I, p. 342.
(2) C. cass., Rejet, 6 févr. 1843 (Sirey, 1843, 1. 209).
(3) Laurent. Dr. civ. int., t. VI, p. 680.
(4) Demolombe. T. XXI, p. 420 et suiv. ; Aubry et Rau, t. VII, p. 89.
(5) C. cass. 3 juillet 1854 (Sirey, 1855, 1. 417).

quand il s'agira d'apprécier la validité d'un testament dressé dans la forme olographe étrangère, forme différente de celle que requiert la loi française? Ainsi, d'après la loi russe, il n'est pas nécessaire que le testament privé soit écrit en entier de la main du testateur. Le testament fait dans ces conditions par un Français en Russie devra-t-il être considéré comme valable en France?

La question n'est point absolument nouvelle ; elle a été fort discutée dans notre ancien droit, non pas précisément dans ces termes mêmes, mais de province à province sous l'empire des anciennes coutumes qui réglaient alors si diversement les formes testamentaires. Il n'y a donc pas lieu de s'étonner qu'on ait eu recours aux précédents historiques pour résoudre notre question. Seulement ce qui peut paraître étrange, c'est qu'on les ait invoqués pour lui donner une solution négative. Le président Bouhier décidait bien, il est vrai, que la règle « locus... » ne s'appliquait pas au testament olographe et que le testateur était obligé de respecter pour les formes du testament olographe les prescriptions de sa loi personnelle. Pour appuyer une telle décision, il rattachait au statut personnel la faculté de tester dans la forme olographe ; il considérait dans cette hypothèse le testateur comme un officier ministériel ayant qualité pour recevoir son testament et tenu de ce chef à suivre les formalités extrinsèques prescrites par sa loi personnelle. Mais il faut se garder de croire que cette théorie subtile représente la tradition de notre ancien droit. Le président Bouhier ne se préoccupait guère de reproduire toujours les doctrines reçues : c'était un novateur. Son langage même sur le point qui nous occupe semble bien accuser un système personnel (1) ; il suffit, en tous cas, de se référer aux passages que

(1) Bouhier. t. I, ch. XXVIII, n° 24, p. 552.

nous avons cités dans l'historique de notre étude, pour se
convaincre que son système n'a point prévalu dans notre
ancienne jurisprudence. De l'adoption sans discussion
de l'art. 999 par le Conseil d'Etat et le Tribunat, il est
permis d'induire que le législateur a voulu de même écarter le système de Bouhier et consacrer l'application générale de la règle « locus... » à la forme des testaments.

Pour repousser cette conclusion, pour refuser au Français la faculté de tester à l'étranger dans la forme olographe étrangère, quelques auteurs se sont fondés sur la
rédaction restrictive de l'art. 999. En autorisant lés Français qui se trouvent en pays étranger à tester suivant les
formes locales, l'article précité, disent-ils, ne leur laisse
pas cependant la faculté d'adopter indistinctement toutes
les formes de testament qu'on peut y reconnaître. Cet article exige en effet que le testament soit fait par acte authentique, sauf référence à la loi locale étrangère pour déterminer les conditions de l'authenticité (1). Nous n'acceptons
pas cette interprétation littérale de l'article. Nous ne
méconnaissons pas que grammaticalement le membre
de phrase « avec les formes usitées dans le lieu où cet
acte sera passé » ne se rapporte qu'aux mots « par acte authentique »; mais nous estimons qu'il se réfère aussi d'une
manière implicite à la forme olographe qu'il ne pouvait
pas viser expressément, puisque le début de la phrase
mentionnait la forme olographe française. Sous une con-
struction vicieuse, voici donc quel est, à notre avis, le véritable sens de la disposition du Code civil : le Français
pourra tester en pays étranger dans les formes locales,
quelles qu'elles soient, authentiques ou non ; il pourra

____

(1) Troplong. Des Testaments, t. III, 1734-1735 ; Aubry et Rau, t. VII,
p. 89 ; Brocher. Dr. intern., t. II, p. 36 et suiv.

même, s'il le préfère, faire son testament dans la forme olographe reconnue par la loi française. Assurer, en dehors de la règle « locus... », au Français à l'étranger une facilité nouvelle pour faire son testament, ce n'est point, il nous semble, témoigner du désir de restreindre la sphère d'application de l'adage (1).

Nous n'avons pu relever qu'une seule décision judiciaire relative à la question que nous venons d'étudier; elle donne une solution contraire à celle que nous avons essayé de soutenir. Le tribunal de Lyon a décidé récemment en effet que le Français ne pouvait tester à l'étranger selon les formes quelconques en usage dans ce pays, mais seulement dans la forme authentique, et, par suite, a déclaré nul le testament fait par un Français en Autriche dans la forme sous seing privé de ce pays (2).

2°. — Le Code civil ne contient aucune disposition qui réglemente les testaments faits en France par les étrangers. Tout le monde est cependant d'accord pour admettre que l'étranger peut tester en France dans la forme authentique ou dans la forme mystique, conformément à l'adage « locus... ». Mais faut-il restreindre à cette alternative la portée de la maxime ou convient-il au contraire de l'appliquer d'une manière absolue? Pour poser la question en termes précis, si l'étranger teste en France en observant la forme olographe française, son testament devra-t-il être considéré comme valable en France? On agitait déjà dans notre ancien droit, nous l'avons dit, une question analogue. Les uns prétendaient rattacher au statut personnel la faculté de

____

(1) Laurent. Dr. civ. intern., t. VI, p. 688; Demolombe, t. XXI. n° 475, p. 421; Marcadé, art. 999, t. IV.

(2) Journ. dr. intern., M. Clunet, 1877, p. 149.

tester dans la forme olographe et décidaient en conséquence
que le disposant ne pouvait employer cette forme qu'autant
qu'elle était autorisée par sa loi personnelle. Les autres
faisaient, au contraire, rentrer la faculté de tester en la
forme olographe dans la théorie générale de la règle « locus... », et soutenaient que le testateur avait le droit de
disposer en cette forme dans le ressort d'une coutume qui
l'autorisait, alors même que la loi de son domicile ne reconnaissait point une pareille forme de testament. Ce dernier système avait rallié la majorité des auteurs : il exprimait d'ailleurs la véritable doctrine juridique. Au premier
abord pourtant, on serait tenté de croire que le Code civil
a voulu trancher l'ancienne controverse en faveur du premier système. En autorisant le Français à tester dans la
forme olographe de l'article 970, même dans les pays où
cette forme ne serait pas admise, le Code, pourrait-on dire
en effet et quelques auteurs du reste l'ont prétendu, le
Code a considéré la loi qui reconnaît la faculté de tester en la
forme olographe comme une loi personnelle de capacité, suivant à ce titre le Français même en pays étranger (art. 3) (1).
Mais nous ne devons pas nous arrêter à cette objection. La
disposition que nous venons de rappeler n'a d'autre but
que de multiplier à l'égard des Français les facilités de tester à l'étranger : l'expliquer autrement c'est prêter au législateur une trop grave incorrection juridique. Envisager
la règle sur le testament olographe comme une règle de capacité, c'est en effet commettre une confusion évidente. Il
ne s'agit pas de savoir si l'étranger peut tester en France,
mais comment il peut tester ; la capacité de faire l'acte ne
soulève aucun doute ; c'est la manière d'user de cette fa-

(1) Grenier et Bayle-Mouillard, t. II. p. 280 et note *a*; Marcadé, art. 999;
Demante, t. IV, n° 138.

culté qui seule est en question. Il s'agit donc purement et simplement d'une question de forme et pour la résoudre il faut faire intervenir l'application de la règle « locus... ». Conformément à ces idées, la plupart des auteurs décident que l'étranger peut, alors même que sa loi nationale n'autorise pas une telle forme, tester en France en observant la forme olographe française (1). De son côté la jurisprudence, que n'embarrasse plus dans notre hypothèse un texte obscur, a souvent, et pour les mêmes motifs, consacré cette solution (2). Quelques auteurs enfin aboutissent à la même conclusion, mais en vertu d'un raisonnement dont nous contestons absolument la justesse. Pour soutenir la validité en France du testament olographe fait par un étranger dont la loi nationale ne reconnaît pas cette forme, ils enseignent que la loi qui permet le testament olographe rentre dans la catégorie des statuts réels. Ils invoquent à l'appui l'article 2 de la loi du 14 juillet 1819, qui porte que les étrangers peuvent disposer de la même manière que les Français et concluent de cette disposition que le testament olographe fait par l'étranger en France doit toujours y être considéré comme valable (3). Il est certain qu'il faut autoriser l'étranger à disposer en France dans la forme olographe de ses biens régis par la loi française, si l'on considère la règle sur le testament olographe comme une règle de disposition des

______

(1) Troplong. T. III, n° 1736 ; Aubry et Rau, t. VII, p. 90 ; Demolombe, t. XXI, p. 530; Colmet de Santerre, t. IV, n° 128 bis ; Laurent, dr. civ. int., t. VI, p. 688.

(2) C. cass., 25 août 1847 (Sirey, 1847, 1. 712); Grenoble, 25 août 1848 (Sirey, 1849, 2. 257) ; C. cass., 9 mars 1853 (Sirey, 1853, 1. 274); Orléans, 2 août 1859 (Sirey, 1860, 2. 37): Aix, 10 juillet 1881; Trib. civ. Seine, 21 juillet 1883 (Journ. M. Clunet, 1884, p. 359).

(3) Coin-Delisle, art. 999, n° 6; Duranton, t. IX, n° 15.

biens et dépendant par suite du statut réel (art. 3). Mais on ne saurait attribuer à la règle un tel caractère qu'au prix d'une étrange confusion. Un principe en effet qui n'établit pas si les biens sont transmissibles, s'ils peuvent être l'objet d'un testament, mais qui détermine seulement comment peut être fait le testament, à quelles formalités il est assujetti, ce principe n'a pas trait à la transmission des biens, à l'organisation de la propriété, ce n'est point un statut réel, il constitue purement et simplement une règle de forme, soumise de ce chef à l'application du vieil adage « locus regit actum ».

II. — 1° Un Français teste verbalement dans un pays qui reconnaît l'efficacité d'une disposition faite en cette forme. Doit-on reconnaître en France la validité d'un tel testament en application de la règle « locus... » ? La question est délicate et n'a pas, jusqu'à présent du moins, préoccupé beaucoup les auteurs. Un des rares jurisconsultes qui l'aient étudiée, M. Laurent, l'avait d'abord tranchée par l'affirmative dans ses principes de droit civil (1).

Mais il est revenu depuis sur cette doctrine et dans son traité de droit civil international, il la rejette en termes formels. Il y a, dit-il, une solennité commune aux trois testaments reconnus par le Code civil, c'est qu'ils doivent être dressés par écrit ; donc tout testament, pour être valable, doit être rédigé par écrit, sinon il est plus que nul, il est inexistant. Car l'écrit n'est point seulement exigé pour la preuve, comme on disait dans l'ancien droit, il est de l'essence des dispositions testamentaires : pas d'écrit, pas de testament. Et, pour décider que la même exigence concerne les testaments faits par des Français à l'étranger,

(1) Laurent. Princip. de droit civil, t. XIII, p. 160.

l'auteur se fonde sur les termes restrictifs de l'art. 999 qui semble bien proscrire toute autre forme que la forme écrite (1). Nous estimons qu'on ne saurait se prévaloir de la rédaction étroite de l'article pour restreindre ainsi la portée de l'adage « locus... ». Si le Code n'a visé que les formes instrumentaires de l'écrit, c'est que la plupart des législations e xigent un écrit, mais de ce qu'il ne se réfère expressément qu'au cas le plus habituel, il ne convient pas d'en conclure que le législateur veuille exclure les autres formes. A notre avis, l'idée dominante de la disposition du Code est exprimée par les mots qui terminent l'article : « dans les formes usitées dans le pays où l'acte est fait ». L'interprétation large que nous donnons ici n'est-elle point analogue à celle que présente, en matière de mariage, et malgré la formule également limitative de l'article 170, la jurisprudence française, jurisprudence que l'auteur admet sans réserve ? Nos tribunaux ont, en effet, souvent reconnu, nous avons eu l'occasion de le dire, la parfaite validité des mariages contractés par des Français aux Etats-Unis, sans rédaction d'acte quelconque et sans intervention d'officier public. M. Laurent prévoit l'objection qu'on peut en tirer contre son système et reconnaît qu'au premier abord elle semble péremptoire. Mais, pour la combattre, il prétend que l'analogie n'est point complète entre les deux situations ; et, pour justifier sa diversité d'interprétation en présence de deux textes similaires, il invoque la différence de caractère des deux actes juridiques qu'ils visent ; le mariage, dit-il, est un contrat ; le testament est un acte. Nous devons avouer en toute franchise ne pas bien saisir le sens et la portée de l'observation. Nous nous refusons à comprendre qu'il faille considérer

(1) Laurent. Droit civil internat., t, VI. p. 682.

l'intervention de l'autorité publique en cas de mariage comme constituant une garantie d'ordre public moindre que l'exigence d'un écrit en matière de testament. Dira-t-on, pour réfuter l'argument basé sur la jurisprudence relative au mariage, dira-t-on que les mêmes considérations décisives n'imposent pas ici l'application absolue de la règle « locus... » ? Nous convenons volontiers que la faculté dont jouit le Français de tester à l'étranger dans la forme olographe du Code civil, atténue dans une certaine mesure les inconvénients qu'entraînerait dans notre hypothèse l'exclusion de la règle « locus... » ; mais elle ne les supprime pas. Le testament, on ne doit pas l'oublier, est plus que tous autres un acte pour lequel il faut assurer au disposant toute la facilité possible. De l'impossibilité de faire un acte entre-vifs, il résulte sans doute un préjudice, mais un préjudice qui sera le plus souvent réparé ; l'acte est retardé plutôt qu'empêché. Pour le testament, au contraire, il faut que la partie soit toujours à même d'y procéder : retarder le testament, ce serait souvent l'empêcher d'une manière absolue. C'est pourquoi nous décidons qu'il faut considérer comme valable, en France, bien que le Code n'autorise pas le testament verbal, un testament verbal fait par un Français dans un pays étranger qui permet de disposer ainsi. Si l'on repoussait cette solution, on risquerait de mettre un Français qui veut tester dans l'impossibilité de faire son testament à l'étranger. Supposons, en effet, qu'un Français soit malade et ne puisse écrire dans un pays qui ne reconnaît que le testament verbal ; en France il aurait la ressource du testament public ; dans ce pays le testament public est inconnu : d'un autre côté, puisqu'il ne peut pas écrire, il ne peut avoir recours à la forme olographe française ; si donc on lui dénie le droit de tester dans la forme verbale, il ne pourra pas faire son tes-

tament, résultat fâcheux qu'il convient d'éviter à tout prix
et qu'écarte l'application de la règle « locus regit actum ».
C'est la solution qu'a consacrée la Cour de cassation, en
admettant la validité d'un testament nuncupatif fait par un
Français en Hongrie (1).

2° Un étranger dont la loi nationale autorise le testament verbal, un Hongrois, par exemple, dispose en France
dans la forme verbale. Le testament fait dans ces conditions doit-il être considéré comme valable en France ?
Nous réservons la question, parce qu'elle dépend de la
question plus générale du caractère qu'il faut attribuer en
droit français à la règle « locus... » dans son application à
la forme des testaments.

Caractère de la règle « locus... ». — Pour emprunter la
formule classique, la règle est-elle impérative, ou bien
simplement facultative ?

Nous avons vu que dans notre ancien droit la tendance
bien accusée de la jurisprudence était de reconnaître à la
règle un caractère impératif, et d'annuler en conséquence
le testament conforme à la loi personnelle du disposant,
mais contraire à la lex loci testamenti. C'est encore, à notre avis, la doctrine qu'il convient de maintenir.

Il faut dégager d'abord les hypothèses où l'on ne saurait
guère contester le caractère impératif de la règle. Toutes
les fois qu'il s'agit d'un testament dans la confection
duquel intervient un officier public, il est de toute évidence
que cet officier ne peut instrumenter que dans les formes
prescrites par la loi locale. Il n'y a pas de raison pour qu'il
puisse dresser un testament régulier en suivant une autre
loi que celle à laquelle il est soumis. Le notaire français,
par exemple, n'a pas à s'inquiéter de la nationalité de la

____

(1) C. cass. Rejet, 30 nov. 1831 (Sirey, 1832, 1. 52).

personne qui veut tester en la forme authentique ; il doit
se préoccuper exclusivement de la loi française et respecter les prescriptions qu'elle impose pour l'authenticité des
testaments. De même, quand dans un pays une autorité
déterminée jouit seule du droit de recevoir les testaments
authentiques, on ne pourrait pas s'adresser à d'autres officiers publics du même pays auxquels la loi locale n'a pas
conféré la même compétence. C'est ainsi qu'il ne faudrait
accorder aucune valeur en France au testament que
ferait un Français, avec toutes les formalités de la loi
française, devant un notaire étranger, dans un pays où
les tribunaux seuls peuvent recevoir les testaments authentiques.

Mais la difficulté s'élève si l'on envisage la question relativement au testament sous seing privé. L'étranger, pour
faire un testament privé valable en France, a-t-il la faculté de suivre les prescriptions de sa loi nationale ?

Pour résoudre la question dans le sens de l'affirmative,
on pourrait invoquer les considérations suivantes. Le testament privé ne se rattache à aucun territoire ; il puise
toute sa force dans la personnalité même de son auteur ; il
la suit partout ; comment concevoir qu'un disposant ait,
en tel lieu, la faculté de faire un testament privé dans telle
forme et ne l'ait pas ailleurs ? Dès l'instant qu'on reconnaît
au testateur le droit de disposer en telle forme, on ne doit
nulle part lui refuser la faculté de l'exercer, d'autant plus
qu'il est impossible de savoir dans quel pays il teste. Il faut
donc en conclure que le testament olographe fait par un
étranger dans un pays où cette forme n'est pas admise ou
réglée différemment, y doit pourtant être reconnu comme
valable, s'il est conforme à la loi personnelle du disposant.

Ces considérations théoriques, dont nous ne saurions méconnaître la gravité, ne nous paraissent pas décisives. Il nous semble que pour un acte de l'importance du testament, il convient de ne pas laisser au disposant le choix des formes à suivre.

On s'accorde généralement à reconnaître qu'en principe il faut toujours donner au testateur le droit de faire son testament dans la forme de la lex loci ; c'est donc cette forme qu'il faut imposer au testateur. On objecte que le testament privé est une émanation pour ainsi dire de la personnalité ; mais ne peut-on pas répondre qu'on devrait alors exiger toujours du disposant l'observance de sa loi personnelle et ne l'autoriser jamais à suivre la loi du lieu dans lequel il teste. Le lieu de la confection du testament, ajoute-t-on, ne sera connu que rarement ; le testament suit la personne et ne se rattache pas à tel ou tel lieu. Mais à ce compte on ne devrait jamais appliquer au testament privé la règle « locus... ».

Abstraction faite des considérations de pure théorie, si l'on se place, disent certains auteurs, sur le terrain du droit positif, on ne saurait méconnaître dans notre droit actuel le caractère facultatif de la règle.

La tendance de l'ancien droit à considérer la règle comme impérative se rattachait aux idées féodales de l'époque, prétendent ces auteurs, et le Code civil, ajoutent-ils, a voulu certainement condamner sur ce point l'ancienne jurisprudence, puisqu'il autorise à tester dans la forme olographe de l'art. 970, le Français qui se trouve en pays étranger, que la loi de ce pays reconnaisse ou non une pareille forme de disposer.

Mais nous ne croyons pas qu'on puisse invoquer l'art. 999 pour soutenir qu'il faut attribuer à la règle « locus... » un caractère facultatif. Sans doute le testament olographe fait par un Français à l'étranger sera considéré comme valable mais dans quel pays ? En France seulement. Dans le pays de la confection du testament, il est fort possible que les tribunaux refusent d'en admettre la validité. La règle « locus... » introduite non seulement pour faciliter la confection des testaments, mais surtout pour assurer leur validité, risquerait avec le caractère facultatif d'atteindre moins facilement son but. Elle n'y pourrait réussir que si la jurisprudence était unanime partout pour reconnaître la validité d'un testament fait dans les formes de la loi personnelle du disposant. L'évolution du droit international n'est pas assez prononcée dans ce sens pour que l'attribution du caractère facultatif à la règle ne constitue pas un danger. La jurisprudence générale reconnaît au contraire actuellement la validité des testaments conformes aux prescriptions de la loi locale : c'est pour cela qu'il convient d'imposer au testateur, à peine de nullité, l'observation des formes requises par la loi locale.

Telle est la solution qu'a consacrée la Cour de cassation dans l'espèce suivante. Un Anglais se trouvant en France avait disposé dans la forme sous seing privé, mais sans observer toutes les prescriptions de l'art. 970 du Code civil. Le testament n'était pas écrit en entier de la main du testateur et n'était pas daté. Le testament, à l'apprécier d'après la loi française, était donc nul, et la Cour de Paris en prononça la nullité. Sur le pourvoi, la Cour de cassation maintint l'arrêt et déclara que le testament olographe fait par un étranger en France, et dont l'exécution est demandée devant les tribunaux français, ne peut être déclaré valable qu'autant qu'il réunit toutes les conditions de forme exigées par la législation française, quelle que soit, à cet égard, la législation du pays auquel appartient le testateur (1).

Lorsqu'on discute ici sur le caractère impératif ou facultatif de la règle « locus... » est-ce toujours, comme pour les autres actes, sous la réserve de la compétence des agents diplomatiques ou consulaires ? En d'autres termes, les consuls français compétents pour recevoir en pays étranger tous les actes intéressant des Français, le sont-ils aussi pour rédiger les testaments de leurs nationaux ? L'Ordonnance de la marine de 1681 (Liv. 1, titre II, art. 24), consacrait cette compétence en termes formels : « Les testaments reçus par le chancelier, dans l'étendue du consulat, en présence du consul et de deux témoins, et signés d'eux, sont réputés solennels ». Le Code civil n'a pas reproduit cette disposition de l'ordonnance; d'un autre côté, le dernier article de la loi du 30 ventôse, an XII, abroge toutes les lois antérieures sur les matières réglementées par le Code civil. De cet article et du silence du Code, on a conclu d'abord que la disposition de l'ordonnance n'était plus en vigueur, et le ministère des affaires étrangères, par une circulaire du 2 novembre 1815, invita les consuls à s'abstenir. Mais on s'est bientôt préoccupé des inconvénients que pouvait entraîner cette abstention. Aussi la circulaire du 22 mars 1834 rédigée par le ministre des affaires étrangères de concert avec le Garde des sceaux, autorisa-

---

(1) C. cassat., 9 mars 1853 (Sirey, 1853, 1. 274). Trib. civ. Seine, 25 juil. 1883 (Journ. M. Clunet, 1884, p. 359). Admettent le caractère impératif: Merlin, Répert. v° Testament ; Troplong. III, 1786 ; Demolombe, t. XXI, p. 433 ; Colmet de Santerre, t. IV, art. 999, n° 128 bis. — Au contraire attribuent à la règle le caractère facultatif: Fœlix et Demangeat, t. I, p. 180 ; Aubry et Rau, t. I, p. 112 et t. VII, p. 90 et 91 ; Laurent. Dr. civ. int., t. VI, p. 688 et suiv., voir cependant Laurent. Principes de dr. civ., t. XIII, p. 167 ; Brocher. Dr. intern., t. I, p. 135.

Febvre.   10

t-elle les consuls à recevoir les testaments des Français à
l'étranger dans les formes spéciales de l'Ordonnance. Cette
solution ne soulève plus aujourd'hui de difficulté. Du
reste, indépendamment des considérations pratiques, on
peut, pour maintenir la compétence des consuls en notre
matière, faire observer que si le Code ne l'a pas réservée
d'une manière expresse, c'est qu'elle touche plutôt au droit
public qu'au droit privé. De plus le Code, loin d'avoir
voulu condamner un vieil usage, en reconnaît au contraire
l'existence, puisqu'il est question dans l'art. 994 d'un officier public français fonctionnant sur une terre étrangère,
et cet officier ne peut être que le consul ou le chancelier
du consulat (1).

De même les gouvernements étrangers reconnaissent en
général à leurs consuls le droit de recevoir à l'étranger les
testaments faits par leurs nationaux. De nombreuses conventions, signées par la France avec des nations étrangères, consacrent la compétence des consuls relativement
à la rédaction des testaments faits par leur nationaux (2).
Les consuls étrangers rédigeront les testaments dans les
formes prescrites par la loi du pays qui les accrédite, et
les testaments ainsi dressés seront valables partout, à la
condition cependant que le disposant soit national du pays
qui délègue le consul.

Testaments conjonctifs. — Nous devons, pour terminer,
étudier une question assez vivement controversée. L'a-
ticle 968 du Code civil défend de renfermer dans un seul
et même acte les dispositions testamentaires de plusieurs

(1) C. cass., 4 févr. 1863 (Sirey, 1863, 1. 201); Fœlix et Demangeat,
t. II, p. 445; Aubry et Rau, t. VII, p. 89; Demolombe, t. XXI, p. 425;
Colmet de Santerre, t. IV, p. 303.

(2) Sirey. Lois annotées, années 1861, 1862, 1867, 1871, 1875, 1878.

personnes. Cette prohibition nous paraît ne constituer
qu'une condition de forme relative au mode d'expression
de la volonté des testateurs. Il en résulte qu'un testament
conjonctif fait par des Français dans un pays dont la législation autorise ce mode de tester, en Prusse, en Espagne,
par exemple, doit recevoir son exécution en France, lorsqu'il est revêtu d'ailleurs des formes requises par la loi
locale.

A l'appui de cette décision, nous n'invoquerons pas,
comme on l'a fait quelquefois, la place qu'occupe l'art. 968
dans la section intitulée : Des règles générales sur la forme
des testaments. Le Code ne s'est pas toujours assez préoccupé de l'ordre rationnel, pour qu'on puisse tirer une induction péremptoire de la disposition de tel ou tel article
sous telle ou telle rubrique. Cet argument écarté, voyons
sur quelle base repose la prohibition des testaments conjonctifs renouvelée de l'art. 77 de l'Ordonnance de 1735.
Elle n'implique nullement une restriction à la capacité
personnelle des testateurs ; elle n'affecte non plus en rien la
disponibilité des biens ; elle a pour but, disait Pothier,
d'assurer la liberté des disposants (1). Mais elle a ce caractère de commun avec toutes les formalités auxquelles chaque législateur assujettit l'expression de la volonté des
parties. Or, tout le monde ne s'accorde-t-il pas à reconnaître que c'est à la loi du pays où l'acte est passé qu'il faut
s'en référer pour la détermination des formes destinées à
garantir la libre expression de cette volonté ?

Nous devons décider, en conséquence, que la prohibition
de l'art. 968 constitue purement et simplement une condition de forme et qu'il faut à ce titre la soumettre, comme
toutes les formalités extrinsèques, à l'application de l'a-

(1) Pothier. Donat. testament., ch. I, art. 1.

dage « locus regit actum ». Telle est, en tout cas, la doctrine que professe la majorité des auteurs (1) et qu'a sanctionnée plusieurs fois la jurisprudence (2).

SECTION IV.

AUTRES ACTES SOLENNELS.

I. *Donation*. — La loi française impose, pour l'existence même de la donation, la rédaction d'un acte notarié (Code civil, art. 931). L'instrumentum n'intervient pas ici simplement pour conserver le souvenir de l'opération et pour en établir la preuve. Il constitue l'un des éléments nécessaires à la formation même de l'acte juridique. Si l'acte authentique fait défaut, ou s'il n'est pas dressé dans les formes requises par la loi française, la donation est considérée comme nulle, ou plutôt comme inexistante. D'autres législations, au contraire, le droit allemand par exemple, n'exigent point que la donation soit faite par acte authentique et reconnaissent la validité d'une donation consentie par acte sous seing privé. Cette diversité de dispositions est de nature à soulever un conflit. Comment le résoudre ?

M. Laurent décide à cet égard que la donation faite par un individu dont la loi personnelle prescrit un acte authen-

---

(1) Merlin. Répert., t. XXXIV, test. conjonct. ; Aubry et Rau, t. VII, p. 101; Demolombe, t. XXI, p. 16; Brocher. Droit int. pr., p. 271 ; Contrà : Marcadé, art. 999, n° 3; Laurent. Princip. dr. civ., t. XIII, p. 152 et Dr. civ. int., t. VI, p. 670.

(2) C. cass. 23 juin 1813 (Sirey, 1813, 1. 378); Toulouse, 11 mai 1850 (Sirey, 1850, 2.529); Caen, 22 mai 1850 (Sirey, 1851, 2.566); Paris, 10 août 1872 (Sirey, 1872, 2. 269); Trib. civ. Seine, 23 déc. 1881 (Journal le Droit, p. 1188 et 1280).

tique ne peut être consentie que par acte authentique,
quelles que soient la loi locale ou la loi de la situation des
biens. L'auteur ne fait intervenir l'adage « locus... » que pour
déterminer les formes instrumentaires dont on devra revêtir l'acte authentique. Cette solution ne constitue d'ailleurs
qu'une dépendance d'un système général qu'il convient
d'analyser ici.

D'après le savant professeur, l'authenticité, dans les cas
où le législateur en fait une condition primordiale de
l'existence même de l'acte juridique, devient une véritable
condition de fond, dont la réalisation s'impose, quel que
soit le lieu du contrat. On prétend, dit-il, qu'il ne s'agit
que d'une forme extrinsèque et non d'une condition intrin-
sèque concernant le fond. Ici, nous semble-t-il, est l'erreur. Quand les parties rédigent un acte de vente, il est
évident que la forme de l'acte n'a rien de commun avec le
fond, que l'absence de l'écrit n'influerait en rien sur la
validité même du contrat. Mais, en cas de donation, par
exemple, la situation diffère essentiellement, puisqu'aux
termes formels de l'art. 1339, le vice de formes extraîne
non seulement la nullité de l'écrit, mais encore la nullité,
l'inexistence du contrat lui-même. Le vice, à vrai dire,
n'affecte pas la forme, il affecte le consentement, et concerne à ce titre évidemment le fond de l'acte juridique.
Dans les contrats solennels, en effet, le consentement
n'existe, n'a de valeur que s'il est exprimé dans les formes
exigées par la loi. Quand les formes prescrites n'ont pas été
respectées, il n'y a pas de consentement et partant pas de
contrat. Il faut donc en conclure qu'un contrat solennel
pour lequel la loi française requiert l'authenticité, ne peut
pas être reçu dans un pays étranger par acte sous seing
privé, lors même que la loi du lieu du contrat consacre l'efficacité d'une telle forme. Est-ce violer la règle « locus... » ?

Nullement; car pour apprécier la validité de l'acte authentique reçu dans le pays étranger, on consultera non pas la loi française, mais la loi locale.

Le caractère authentique est de l'essence de l'acte : les formalités spéciales de l'authenticité ne constituent qu'un élément externe soumis de ce chef à l'application de la règle « locus... ».

Ainsi donc, il y a deux ordres d'idées à distinguer en matière d'actes solennels. En premier lieu, la solennité doit être considérée comme se rattachant à la substance de l'acte et comme rentrant dans les conditions de fond du contrat. Quand cette solennité sera requise, elle devra se rencontrer partout sous peine de l'inexistence de l'acte.

Il est vrai qu'il s'agit d'une convention et que les conventions sont régies en principe par la volonté des parties contractantes. Mais cette règle comporte exception quand l'intérêt public est en cause; or, les formes authentiques, dans les cas où le législateur les impose, reposent toujours sur un motif d'ordre public. Quant à la question de savoir si l'acte est solennel, elle est décidée, tantôt par la loi de la situation des biens, tantôt par la loi du pays où l'acte intervient, tantôt enfin par la loi personnelle des parties contractantes. S'agit-il de la loi de transmission d'un droit réel, c'est la loi de la situation qui règle ces conditions, puisqu'elles sont requises dans un intérêt général. Il en est ainsi de l'hypothèque (la loi belge hypothécaire de 1851, à l'opposé de l'art. 2128 du Code civil, reconnaît force obligatoire au contrat d'hypothèque passé dans un pays étranger et portant sur des immeubles situés en Belgique). Le régime hypothécaire est organisé pour assurer aux propriétaires le crédit qu'ils peuvent avoir à raison des biens qu'ils possèdent : il tend donc à développer la richesse pu-

blique et privée. De ce fait, les formes du contrat d'hypothèque touchent à un intérêt public ; c'est donc la loi de la
situation qu'il faut suivre pour déterminer sous quelles
conditions on peut constituer un droit de ce genre. Le législateur s'est de même inspiré de considérations d'intérêt
général pour assujettir les donations à des formes sévères.
Le donateur, en effet, est exposé à un danger ; c'est la séduction, c'est la captation qui l'assiègent et lui arrachent
des libéralités au détriment de sa famille. L'intérêt indivi-
duel, l'intérêt social réclament des garanties. Le législateur doit donc intervenir pour assurer ces garanties : les
dispositions qu'il édicte à cet égard ont un caractère
d'ordre public, et, par conséquent, les parties ne peuvent
point, par un simple déplacement à l'étranger, se soustraire
à leur empire.

Reste le contrat de mariage. C'est la loi personnelle des
futurs conjoints, ou du mari, s'ils sont de nationalité différente, qu'il faut consulter. Si le législateur a fait du contrat de
mariage un acte solennel, c'est à raison de son importance
exceptionnelle. Ce contrat forme en effet un pacte entre
deux familles et régit les époux pendant toute leur existence,
ainsi que les tiers qui contractent avec eux. Or, les clauses
de ce contrat sont d'une difficulté telle que les jurisconsultes eux-mêmes sont parfois embarrassés pour en déterminer la nature et les effets. Il convenait donc d'y faire
intervenir un homme de loi qui pût éclairer les futurs
époux et leurs familles sur le sens et la portée des conventions qu'ils se proposent de faire. Ces conventions sont
toutes personnelles ; donc le statut est personnel, et les
parties y restent soumises, quel que soit le pays où le contrat intervient. On ne peut d'ailleurs appliquer le statut
réel. Au cas, en effet, où les époux auraient des biens situés
dans divers pays, si leurs conventions étaient régies par la

loi territoriale, il y aurait autant de régimes différents que
de lois différentes, ce qui serait absurde.

Voilà donc le premier ordre d'idées : rechercher si la loi
applicable à tel acte juridique exige l'authenticité.

Si l'on reconnaît qu'il en est ainsi, le second ordre d'idées.
se présente alors. Quelles formalités faut-il observer pour
la rédaction de l'acte authentique? Il ne saurait être question d'imposer à l'officier public d'un pays des formes que
n'admet pas la loi dont il est le représentant. Il faut donc
décider sans hésitation qu'on doit dans tous les cas suivre
les prescriptions de la loi locale pour donner à l'acte l'authenticité requise : c'est en cela seulement que doit intervenir la règle « locus. ».

Telle est à grands traits la doctrine qu'enseigne M. Laurent (1) dans ses Principes de droit civil et dans son Traité
de droit civil international.

Ce système, à l'envisager d'abord au point de vue théorique, ne nous semble pas irréprochable. Il n'est pas exact
d'affirmer que la solennité rentre dans les conditions de
fond. Il faut entendre par conditions de fond celles qui reposent sur la nature même des choses et en l'absence desquelles on ne saurait concevoir en raison l'existence d'un
acte juridique. Le consentement, l'objet et la cause, voilà
les conditions de fond et les seules qu'il convienne de reconnaître. Les formes solennelles dont l'acte doit être
revêtu ne constituent évidemment, comme leur nom l'indique, que de simples conditions de forme. Sans doute,
quand elles font défaut, l'effet produit est identique à celui
qu'entraînerait l'absence d'une condition de fond, c'est l'in-

---

(1) Laurent. Princip. dr. civ. t. I, p. 384 et suiv. et t. II, p. 435 et suiv.,
et Dr. civ. internat., t. I, p. 651-652 ; voir aussi Demangeat. De la cond.
des étrangers en France, p. 340 ; Bertauld. Quest. doctr., t. I, p. 121,

existence de l'acte. Mais cet effet tient à la sanction particulière que le législateur donne à la solennité. L'observation des formes est sanctionnée d'une manière rigoureuse;
mais les formes n'en restent pas moins des formes, et ce
n'est pas la sanction que le législateur attache à leur absence qui peut modifier leur nature. On ne doit donc pas
décider que la règle « locus... » ne se rapporte pas aux
formes solennelles et qu'il faut l'écarter à priori.

Pour que la règle ne s'étendît pas aux solennités, il faudrait que l'ordre public y fît obstacle. Or, quand un Français veut faire, soit un contrat de mariage, soit une donation dans un pays où ces actes n'exigent pas de formes
solennelles, l'ordre public français s'oppose-t-il vraiment
à l'abandon de l'authenticité ? M. Laurent s'efforce de l'établir, en invoquant, pour expliquer la solennité, des motifs
différents pour chaque acte. Ainsi, l'hypothèque est une
institution de crédit ; elle intéresse à ce titre la fortune publique, et les formes établies pour la constitution de l'hypothèque ont pour but la protection de cette richesse. Est-ce
bien exact, et ne devrait-on pas dire que les formes ont
pour objet la protection des deux parties contractantes, les
mesures de publicité prescrites dans l'intérêt des tiers et
intervenant en dehors du contrat ayant seules en vue l'intérêt social? On pourrait présenter la même observation
relativement à la donation. Ce que le législateur a voulu,
c'est protéger les parties en cause d'une façon plus énergique qu'à l'ordinaire, à raison de l'exceptionnelle gravité
de l'acte. Le contrat de donation a d'importantes conséquences que les parties peuvent ignorer ou ne connaître
qu'imparfaitement ; la nécessité de se rendre devant l'officier public éveillera leur attention ; avant de procéder, le
notaire pourra les éclairer sur les suites de l'acte. Les
formes solennelles sont donc édictées par le législateur de

chaque pays en considération du caractère de ses nationaux, de leur légèreté, de leur degré d'instruction. Sans
doute, en France, un Français ne pourrait pas s'affranchir
de l'observation de ces solennités, et faire par exemple une
donation sous seing privé. Mais est-ce à dire qu'il faille
pour cela les considérer comme d'ordre public? Non
certes, et si le Français ne peut alors se soustraire à leur
accomplissement, c'est qu'il se trouve précisément dans le
milieu social en vue duquel ces formes ont été prescrites.
Le Français ne pourrait pas davantage, en France, dresser
un acte valable en dehors des prescriptions des art. 1325
et 1326 du Code civil. Ce n'est pas à dire pourtant que ces
prescriptions soient d'ordre public, dans le sens où l'entend
M. Laurent, puisque lui-même admet que le Français à
l'étranger échappe aux exigences de ces articles. Pourquoi
dès lors n'en serait-il plus de même, quand il s'agit d'actes
authentiques, lorsque le Français se trouve dans un autre
pays où ces formes ne sont pas considérées comme nécessaires, soit que les nationaux y soient plus instruits, soit
qu'on y craigne moins la séduction ou la captation.

Nous admettons avec M. Laurent que, dans certains
actes, les formes établies dans l'intérêt privé, favorisent
par contre-coup l'intérêt public. Dans le contrat de mariage, par exemple, la forme authentique prévient les
modifications que les parties seraient tentées d'apporter
postérieurement au contrat, au régime primitivement
adopté. Les droits des tiers sont garantis par le dépôt de la
minute chez un notaire. De même la forme authentique,
en ce qui concerne la célébration du mariage, la reconnaissance d'un enfant naturel assure la fixité de l'état des
personnes nécessaire pour le bon ordre social. On peut
dire aussi que les formes de la donation touchent à l'ordre
public, puisqu'elles garantissent la libre volonté des par-

ties et qu'en empêchant les fraudes, elles maintiennent le bon ordre dans la société. Mais alors, à l'entendre dans ce sens large, on trouvera partout l'ordre public, et il sera toujours possible de l'invoquer pour repousser l'application des lois étrangères. Il n'y a guère, en effet, de dispositions de nos lois auxquelles il ne touche par quelque côté. C'est ainsi qu'à ce compte on devrait décider que les art. 1325 et 1326, ayant pour but d'éviter aux parties les surprises et de prévenir les abus de blanc-seing, sont d'ordre public et doivent, par conséquent, être respectés à l'étranger.

En résumé, si tous les actes, pour lesquels le Code prescrit l'authenticité, ne sont valables que sous cette condition, lorsqu'ils interviennent en France, c'est sans doute qu'ils touchent à l'ordre public français. Mais cet ordre public est purement relatif et repose sur des considérations locales. Il ne faut donc pas se prévaloir de cet ordre public pour annuler des actes faits par des Français dans un pays dont le législateur ne s'est pas inspiré des mêmes considérations et n'a pas assujetti les mêmes actes à des solennités.

Le système que nous combattons aboutit d'ailleurs à méconnaître le fondement même de la règle « locus... ». M. Laurent l'établit pourtant très exactement quand il dit : « Il en est de l'adage, comme de toutes les règles de droit ; les motifs, c'est tout le principe ; ils décident toutes les difficultés qui peuvent se présenter dans l'application. Or le motif principal et que personne ne pourra contester, c'est la nécessité » (1). Ce sont précisément des raisons de nécessité pratique que nous invoquons pour permettre au Français de faire valablement sans solennités, dans un

______

(1) Laurent. Princ. dr. civ., t. II, p. 420-425,

pays où la loi n'en exige pas, un contrat solennel d'après le droit français. Ne pas autoriser l'application absolue de la loi du lieu, ce serait rendre difficile toujours, quelquefois impossible, la conclusion à l'étranger de contrats solennels, alors qu'il faut au contraire assurer au Français la facilité d'accomplir en tout pays les actes juridiques qu'il entend faire. D'un autre côté, supposons une donation faite hors de France par un Français au profit d'un étranger. Ne serait-il pas contraire à la bonne foi de l'annuler, sous prétexte qu'elle n'aurait pas été consentie dans la forme française, forme que l'étranger n'était pas tenu de connaître. A supposer même que les deux contractants soient français, ne doit-on pas présumer qu'ils se sont attendus à l'application de la loi locale étrangère et ne serait-ce pas leur ménager des surprises que d'apprécier leur acte d'après la loi française. Ce sont là, dit-on, des raisons d'équité. Mais ces raisons ne sont certes pas étrangères à l'admission de l'adage « locus... ». La règle qu'il formule n'est-elle pas en effet une concession réciproque des peuples dans le but de permettre à tout individu de faire en pays étranger, avec la même facilité, la même sécurité que dans le sien propre, tous les actes juridiques qu'il croit de son intérêt d'accomplir. Voilà le motif de la règle, et ce motif suffit à lui seul, de l'aveu de M. Laurent, pour trancher toutes les difficultés.

Enfin, et ce n'est pas le moindre argument qu'on puisse faire valoir, la doctrine qui repousse en notre matière l'application de la règle « locus... » prête au Code civil une distinction qu'il n'a pas faite. Nous avons montré que théoriquement les solennités restent toujours des conditions de forme ; il nous reste à voir que le législateur ne les a pas envisagées autrement. Ainsi le mariage est sans conteste en droit français un acte solennel entre tous. Cependant le législateur, cédant au principal motif de la règle « locus... », la nécessité, déclare valable dans l'article 170, le mariage contracté par un Français en pays étranger suivant les formes locales. Et tout le monde est d'accord pour interpréter cette disposition dans le sens le plus large et pour admettre la validité d'un mariage conclu par un de nos nationaux, sans intervention d'officier public et sans rédaction d'acte authentique, dans un pays qui reconnaît le mariage solo consensu. Nous ne saurions comprendre qu'on considérât dans ce cas les solennités comme constituant une garantie d'ordre social moins énergique que l'existence d'un acte authentique en matière de donation.

Nous devons donc décider que, lorsque deux législations diffèrent relativement aux contrats qui sont solennels ou relativement aux conditions de ces solennités, il faut, pour trancher la collision, appliquer purement et simplement la règle « locus regit actum » (1).

Si maintenant nous recherchons quel caractère il convient d'attribuer à l'adage dans cette application aux contrats solennels, nous devons déclarer sans hésiter qu'il faut lui reconnaître un caractère impératif. C'est le seul moyen de prévenir des inconvénients graves et de même nature que ceux que nous avons déjà signalés à l'occasion du mariage. Admettons, en effet, pour un instant, que la règle soit simplement facultative. L'acte fait à l'étranger conformément aux prescriptions de la loi personnelle des parties pourra sans doute être considéré comme valable par les tribunaux de la nation auxquels les contractants se rattachent ; mais il n'y a pas de raison pour que les tribunaux du pays où le

---

(1) Merlin. Questions de droit, t. VI, p. 67 ; Aubry et Rau, t. I, p. 110 et t. VII, p. 85 ; Demolombe, t. I, p. 121 et t. XX, p. 113.

contrat est intervenu, consacrent la même décision et reconnaissent également la validité de l'acte. L'application facultative risquerait donc de maintenir un conflit que la règle a précisément pour but d'écarter.

En ce qui concerne la donation, voici les conséquences qui découlent de la solution générale que nous venons de donner :

1° Les tribunaux français devront considérer comme valable, quelle que soit la situation des biens, la donation qu'un Français aurait consentie par simple acte sous seing privé dans un pays dont la loi reconnaît cette forme de disposition entre vifs (1).

2° Les tribunaux français, pour apprécier la validité quant à la forme d'une donation faite en France, n'auront pas à se préoccuper de la loi personnelle des parties ; ils devront consulter uniquement la loi française et annuler par exemple la donation qu'un Allemand aurait en France consentie dans la forme qu'autorise sa loi personnelle, par acte sous seing privé.

II. — *Contrat de mariage.* — Sous ce terme nous n'entendons pas le contrat qui forme et légitime l'union personnelle des époux ; nous visons seulement la convention accessoire qui règle les intérêts pécuniaires respectifs des deux conjoints.

Le Code civile exige pour la validité du contrat de mariage la rédaction par devant notaire d'un acte authentique (art. 1394, 1ᵉʳ, alinéa). La législation de certains pays au contraire, le droit commun allemand, par exemple, la

---

(1) Paris, 11 mai 1816 (Sirey, 1817, 2. 10) ; Paris, 22 nov. 1828 (Sirey, 1829, 2. 77) ; C. cass., 11 juillet 1855 (Sirey, 1855, 1. 699) ; C. cass., 18 av. 1865 (Sirey, 1865, 1. 317).

loi de plusieurs cantons suisses, reconnaît l'efficacité d'un contrat de mariage sous seing privé. Cette diversité de législations est de nature à provoquer des conflits. Comment doit-on les résoudre ? Nous ne pouvons pas invoquer les précédents historiques, puisqu'avant le Code civil on n'exigeait pas à peine de nullité, pour la validité du contrat de mariage, la rédaction d'un acte authentique (1). Quoi qu'il en soit, et comme il est facile de s'en rendre compte, la question se présente exactement dans les mêmes termes que pour le contrat de donation, et comme dans ce dernier cas a donné naissance à deux systèmes différents. Les uns prétendent qu'ils ne faut pas, pour apprécier relativement à la forme la validité du contrat de mariage, se préoccuper de la loi locale ; ils soutiennent qu'il faut consulter uniquement la loi personnelle des parties et, dans l'hypothèse par exemple d'une donation faite par un Français à l'étranger, exigent toujours, conformément à l'art. 1394, un acte authentique, sauf à régler d'après la loi du lieu les formes instrumentaires de cet acte (2). Les autres appliquent au contraire d'une manière absolue la règle « locus regit actum » et décident en conséquence que la validité du contrat de mariage dépend uniquement de l'observation des formes locales. C'est ce dernier système, consacré par la jurisprudence, que nous devons adopter. Nous renvoyons aux explications que nous avons données au sujet de la donation pour justifier cette application large de l'adage « locus... » en notre matière et pour déterminer le caractère qu'on doit lui reconnaître (3).

(1) Merlin, Répert., t. VI, p. 387.

(2) Duranton, t. I, p. 56 ; Demangeat. De la cond. des étr., p. 340 ; Laurent. Dr. civ. int., t. I, p. 155 et t. VI, p. 651-662.

(3) Merlin. Quest. de droit, t. VI ; Fœlix et Demangeat, t. I, § 231 ;

De ce qui précède, résultent les conséquences suivantes :

1° Les tribunaux français devront reconnaître comme valable le contrat de mariage fait sous seing privé par un Français, dans un pays dont la loi n'exige pas d'acte authentique, en Allemagne, par exemple ;

2° A l'inverse, les tribunaux français devront considérer comme nul, s'il intervient en France, un contrat de mariage fait sous seing privé par un étranger, alors même que la loi personnelle de ce dernier ne requiert pas l'authenticité.

Des difficultés spéciales, et qu'il est intéressant de signaler, s'élèvent à propos du contrat de mariage.

La première naît des articles 1394 et 1395 du Code civil. Il résulte de ces textes que les conventions matrimoniales doivent être passées avant le mariage, et qu'après sa célébration elles deviennent irrévocables. Dans certains pays, en Espagne, par exemple, on admet encore, comme dans le droit romain, la validité du contrat de mariage, lors même qu'il intervient post nuptias. Il importe donc de savoir si la loi qui permet ou défend de stipuler le contrat après la célébration du mariage se réfère à la forme de l'acte ou bien à la capacité des parties. Il faut décider, si c'est une loi de capacité, qu'elle suit le Français à l'étranger (art. 3, Code civil), et que les articles 1394 et 1395 s'imposent au Français, alors même que la législation locale reconnaît d'autres règles. Si c'est, au contraire, une simple loi de forme, on doit admettre que le Français peut, à l'étranger, passer son contrat postérieurement au mariage, lorsque la loi locale autorise à le faire ainsi, car la

Troplong, Mar., t. I, § 188 ; Aubry et Rau, t. I, p. 110 et t. V, p. 248 ; Sic : Paris, 11 mai 1816 (Sirey, 1817, 2. 10) ; Paris, 22 nov. 1828 (Sirey, 1829, 2. 77) ; C. cass., 18 avril 1865 (Sirey, 1865, 1. 37).

maxime « locus... » trouve alors son application normale.
La jurisprudence a sanctionné la doctrine qui ne tend à
voir dans l'exigence susdite du Code qu'une pure condition
de forme. C'est ainsi qu'elle a reconnu la validité d'un contrat dotal, fait par des époux français en pays espagnol
postérieurement à la célébration du mariage (1). La question est certainement délicate et nous convenons qu'au
premier abord on incline à considérer comme une règle de
capacité le principe de l'immutabilité des conventions matrimoniales. Nous estimons toutefois qu'on doit accepter
la solution consacrée par la jurisprudence. Les considérations qu'on fait valoir pour expliquer la disposition pro-
hibitive des articles 1394 et 1395 sont de même nature que
celles qu'on invoque pour justifier l'exigence d'un acte authentique. Or, nous croyons avoir montré que ces considérations n'ont qu'un caractère tout relatif, n'ont qu'une
valeur purement territoriale, pour ainsi dire. Nous devons
donc, en cas de conflit entre deux législations sur le point
qui nous occupe, recourir, pour le trancher, à l'application
de la règle « locus... »; nous devons décider que, pour
apprécier la validité d'un contrat postérieur au mariage,
il faut consulter exclusivement la loi locale, sans se préoccuper en rien de la loi nationale des parties (2).

La seconde difficulté que nous avons à résoudre est sou-
levée par la loi du 10 juillet 1850 et l'article 67 du Code de
commerce. La loi de 1850 enjoint à l'officier de l'état civil
d'interpeller les époux sur la question de savoir s'ils ont
ou non fait un contrat, et, au cas de l'affirmative, d'énoncer
dans l'acte de mariage la date de ce contrat, ainsi que les

(1) Grenoble, 30 mai 1844 (D. P., 1845, 2. 36); Montpellier, 25 av. 1814
(Sirey, 1845, 2. 7); C. cass., 11 juil. 1855 (Sirey, 1855, 1. 699).
(2) Félix et Demangeat, t. I, § 232; Aubry et Rau, t. V, p. 248.

Febvre.   11

nom et lieu de résidence du notaire qui l'a reçu. Ces formalités sont établies dans l'intérêt des tiers ; elles ont pour but de les mettre en mesure de se renseigner sur la situation des époux, sur la nature de leurs conventions, sur la capacité de la femme ou son incapacité. La sanction de leur inobservation consiste tantôt dans une amende à la charge de l'officier de l'état civil ou du notaire, tantôt dans l'impossibilité pour la femme de se prévaloir de l'incapacité dont elle est frappée sous le régime dotal. L'article 67 du Code commerce prescrit également, dans l'intérêt des tiers et pour les éclairer, la publication du contrat de mariage des commerçants. La jurisprudence, tirant une conséquence remarquable de la règle « locus... », a décidé que le Français se mariant à l'étranger était dispensé de l'accomplissement de ces formalités et que la femme pouvait encore se prévaloir de son incapacité de femme mariée sous le régime dotal, contre les tiers avec lesquels elle aurait contracté (1). Cependant, on peut émettre quelque doute sur la vérité de cette doctrine, parce qu'il s'agit ici de formalités prescrites dans l'intérêt des tiers, concernant la protection du crédit public et privé, rentrant à ce titre dans le statut réel. En leur absence, le contrat de mariage est bien valable inter partes ; on peut même l'opposer aux tiers avec lesquels les époux ont contracté dans les pays étrangers où ces formalités ne sont pas requises. Mais doit-il en être de même à l'égard des tiers français qui ont contracté en France avec les époux de retour dans leur patrie ? En faveur de la jurisprudence, on peut prétendre que le Français se mariant à l'étranger était dans l'impossibilité de se conformer aux prescriptions de la loi de 1850 et de l'article 67 du Code de commerce. Mais cette objection

(1) Rennes, 4 mars 1880 (Dalloz, 1880, 2. 210).

n'est pas sans réponse : car rien n'empêche le Français, de retour en France, d'opérer la transcription de l'acte de mariage sur les registres de l'état civil, conformément à l'art. 171 du Code, et de faire en même temps la déclaration prescrite par la loi de 1850. Rien ne s'oppose non plus, s'il est commerçant, à ce qu'il rende public son contrat de mariage, dans les termes de l'art. 67. Cette dernière obligation est imposée par l'art. 69 à l'époux séparé de biens ou marié sous le régime dotal qui prendrait la profession de commerçant postérieurement à son mariage. Pourquoi le Français de retour en France échapperait-il à cette obligation ? N'est-il pas en France, et à l'égard des tiers qui l'entourent, dans le même cas que l'individu qui devient commerçant après avoir fait un contrat de mariage non publié ? Les raisons qui motivent la publicité de tout contrat de mariage ne se retrouvent-elles pas ici ? Malgré ces considérations, la décision de la jurisprudence nous paraît à l'abri de toute critique, parce que les tiers ont pu savoir indirectement que les époux ne s'étaient pas mariés en France et se douter que le régime de communauté ne constituait pas leur régime matrimonial. Les actes de l'état civil qu'ils ont pu, qu'ils ont dû consulter, s'ils sont prudents, ne leur révélant pas l'existence d'un mariage, ils ont dû se refuser à contracter avec les deux époux, avant d'être exactement renseignés sur le lieu de leur mariage et sur la nature de leurs conventions matrimoniales. Ils se trouvent, en ce cas, dans une situation analogue à celle qu'entend leur faire la loi de 1850 ; il ne dépend que d'eux d'arriver à la certitude en exigeant au préalable la reproduction du contrat. Dans tous les cas, le but de la loi se trouve atteint, puisque les tiers sont indirectement mis en garde, et, d'autre part, les Français mariés à l'étranger ne sont pas en faute, puisque l'art. 171, dans l'opinion dominante du moins, ne leur impose pas, à peine de nullité, l'obligation de faire transcrire leur acte de mariage.

III. - *Reconnaissance d'un enfant naturel*. — La jurisprudence et la doctrine sont à peu près constantes pour admettre qu'un Français peut reconnaître à l'étranger un enfant naturel, et, qu'à l'inverse, un étranger peut faire une reconnaissance en France. La question que nous devons examiner à ce propos, comme rentrant directement dans notre sujet, consiste à rechercher à quelles formes il faut, dans les deux hypothèses, assujettir la reconnaissance. Le Code civil exige que la reconnaissance d'un enfant naturel intervienne dans un acte authentique (art. 334). En Autriche, au contraire, cette reconnaissance peut être contenue dans un simple acte sous seing privé. De même, en Espagne, d'après la loi de Toro, la reconnaissance n'a pas besoin d'être expresse : il suffit qu'on la puisse établir à l'aide de l'un quelconque des moyens de preuve admis par la loi, c'est-à-dire qu'elle ne nécessite pas la rédaction d'un acte authentique (1). Dans ces conditions, on conçoit qu'il puisse s'élever un conflit ? Comment devra-t-on le trancher ? De même que le mariage, et pour des raisons de même nature, la reconnaissance d'un enfant naturel doit être rendue possible et facile à toute personne de tout pays. On ne peut atteindre ce but qu'à la condition de valider la reconnaissance faite suivant les formes requises par la loi du lieu dans lequel elle intervient. En outre, de même qu'au cas de mariage, et pour le motif souvent invoqué, pour éviter des contradictions fâcheuses entre les décisions judiciaires des différents pays sur un point de cette importance, il faut attacher à la règle « locus... » un

(1) Lehr. Dr. civ. esp., n° 174, p. 132.

caractère impératif (1). Nous décidons, en conséquence, qu'on devra considérer comme valable, en France, une reconnaissance faite par acte sous seing privé par un Français dans un pays qui n'exige point un acte authentique.

La seule décision judiciaire que nous connaissions à cet égard ne consacre pas par elle-même une doctrine aussi large. Elle admet la validité d'une reconnaissance faite par un Français au Brésil dans l'acte de baptême (2). Mais ce n'est là que l'application normale de l'adage « locus... » à la réglementation des formalités instrumentaires de l'acte authentique, application sur laquelle il ne saurait s'élever la moindre difficulté.

Nous décidons à l'inverse qu'on devra déclarer nulle en France, eût-on même observé les formes prescrites par la loi personnelle, une reconnaissance qui ne serait pas conforme à la loi du lieu dans lequel elle est intervenue. C'est ainsi, par exemple, que les tribunaux français ne devraient pas considérer comme valable une reconnaissance sous seing privé faite en France par un Autrichien ou par un Espagnol.

IV. — *Contrat d'hypothèque.* — L'article 2128 du Code civil dispose ainsi : « Les contrats passés en pays étrangers ne peuvent donner d'hypothèque sur les biens de France, s'il n'y a des dispositions contraires à ce principe dans les lois politiques ou dans les traités ». Puisque toute constitution d'hypothèque sur un bien de France est nulle au fond quand elle intervient à l'étranger, il ne saurait être question de se demander à quelle forme elle est

---

(1) Aubry et Rau, t, I, p. 111; Demolombe, t. I, p. 128. Contrà : Laurent. Dr. civ. internat., t. V, p. 533.

(2) Trib. Seine, 14 mars 1879 (Journ. M. Clunet, 1879, p. 280).

soumise. Le Code écarte donc formellement en cette matière l'application normale de la règle « locus... » et n'attache aucune valeur à l'acte authentique étranger constituant une hypothèque sur un immeuble français.

Les rédacteurs du Code civil ont emprunté la disposition de l'article 2128 à l'article 121 de l'ordonnance du 15 janvier 1629 (Code Michaud): « Les jugements rendus, contrats ou obligations reçus aux royaumes et souverainetés étrangères pour quelque cause que ce soit, n'auront aucune hypothèque ni exécution en notre dit royaume, mais tiendront les contrats lieu de simples promesses...». Seulement, les rédacteurs n'ont pas pris garde qu'en modifiant les principes admis en matière de constitution d'hypothèque, ils enlevaient tout fondement à la reproduction de l'article de l'ordonnance de 1629.

On a voulu justifier la disposition de l'art. 2128 en faisant remarquer qu'on ne peut reconnaître à un officier étranger une autorité que le souverain seul peut conférer dans l'étendue de son territoire (1). On a dit aussi que l'hypothèque est de droit civil, et que, dès lors, elle ne peut valoir que dans les limites où commande l'autorité souveraine dont elle dérive ; que les actes faits par des officiers publics étrangers ne sont pas revêtus de l'authenticité nécessaire pour produire l'hypothèque, que le souverain seul peut attribuer aux actes le caractère authentique ; enfin, que le droit qu'acquiert un particulier de saisir et de vendre un immeuble entraîne juridiction et exécution, et qu'il ne peut être conféré par un souverain ou ses délégués pour des biens situés dans un autre État (2).

Toutes ces raisons reposent sur une confusion entre le

(1) Massé, I, p. 821.
(2) Dalloz. Jurisp génér., v° Hypothèques.

droit d'hypothèque et la force exécutoire. On comprend
que, dans notre ancienne législation, les actes notariés em-
portant de plein droit hypothèque sur les biens du débiteur, indépendamment de toute convention expresse et de
toute inscription, on eût une tendance à confondre le droit
d'hypothèque avec la force exécutoire et de conclure que les
actes notariés passés à l'étranger ne pourraient produire
hypothèque. Mais, dans notre droit moderne, cette confusion n'est plus permise. Aujourd'hui, le créancier doit,
pour rendre son droit efficace, prendre inscription sur un
registre spécial, et c'est à la date de l'inscription que l'hypothèque prend rang et commence à produire effet. Le
créancier peut, en cas de non paiement, faire vendre aux
enchères l'immeuble qui garantit sa créance, mais il ne le
peut faire de son autorité privée : il doit provoquer un ju-
gement d'expropriation. L'autorité judiciaire intervient et
c'est la loi qui règle la procédure à suivre pour arriver à la
mise aux enchères et à la distribution des deniers. Ces
actes d'exécution qui dérivent du droit d'hypothèque sont
donc, dans le fond et dans la forme, soumis à l'autorité de
la loi locale et ne dépendent en aucune façon du souverain
ou des officiers publics étrangers. Mais on ne saurait considérer la création même du droit d'hypothèque comme un
acte d'exécution et comme exigeant à ce titre l'intervention
des autorités françaises. Le contrat d'hypothèque n'est pas
autre chose que la constitution d'un droit réel. Un Français
peut, par acte passé dans un pays étranger, aliéner les immeubles qu'il possède en France, les vendre ou les donner,
pourquoi ne pourrait-il pas les hypothéquer, les engager à
la garantie d'une dette ?

On comprend très bien que le créancier hypothécaire soit
obligé de se soumettre aux prescriptions établies par la
lex rei sitæ dans l'intérêt public ; qu'il ne puisse, par

exemple, se faire consentir une hypothèque générale en
France ou se dégager de l'obligation de l'inscrire ; mais ce
qu'on ne peut admettre, c'est que le créancier qui veut se
conformer aux prescriptions de la loi française n'ait pas le
droit de demander et d'obtenir l'inscription en France en
vertu d'un contrat étranger.

Toutefois, il convient de dire que le pouvoir qu'on reconnaît aux agents diplomatiques et consulaires de recevoir à l'étranger les actes intéressant leurs nationaux,
atténue dans une certaine mesure les inconvénients de la
malencontreuse disposition de l'article 2128 du Code civil.

En raison du caractère exorbitant de cet article, on s'est
demandé s'il s'appliquait aux constitutions d'hypothèque
ayant pour objet des navires (Loi du 10 déc. 1874). Une
convention intervient en Angleterre, par laquelle on grève
d'hypothèque un navire français. Ce navire est saisi : les
créanciers pourront-ils se prévaloir de l'hypothèque qui
leur a été consentie en Angleterre ? La jurisprudence admet
l'affirmative. Les navires sont, sans doute, considérés
comme une partie du territoire français ; mais le législateur
ne les avait certainement pas en vue quand il édictait l'article 2128. Si l'on admettait l'opinion contraire, l'hypo -
thèque des navires perdrait une grande partie de son utilité (1). Mais, dans ce cas, quelles sont les formes que devront affecter les hypothèques constituées à l'étranger ?
La Cour de cassation applique, dans ce cas, la règle « locus
regit actum » ; c'est la loi du pays dans lequel la constitution d'hypothèque est intervenue qui doit déterminer les
conditions de forme. Quant aux conditions de publicité,
elles doivent être remplies en France quand le navire hypothéqué est un navire français (2).

(1) Grenoble, 11 mai 1880 (Sirey, 1881, 2. 225).
(2) C. cass., 25 nov. 1879 (Dalloz, 1880, 1. 56).

L'article 2128 contient à la fin une restriction : « s'il n'y a des dispositions contraires à ce principe dans les lois politiques ou dans les traités ». On chercherait vainement, dans le recueil de nos lois politiques, des textes déclarant qu'un acte passé dans un pays étranger peut conférer hypothèque sur des immeubles situés en France. Quant aux conventions diplomatiques auxquelles l'art. 2128 fait allusion, il n'y en a que deux à notre connaissance : 1° Traité conclu entre la France et la Sardaigne (24 mars 1760). 2° Traité conclu entre la France et la Suisse (1777) (1). Une constitution d'hypothèque sur un bien de France peut donc intervenir en Sardaigne ; mais la question de savoir si elle peut avoir lieu dans la forme sous seing privé ne saurait se poser, puisqu'aux termes mêmes du traité, l'acte constitutif doit être public.

SECTION V.

PREUVE DES ACTES JURIDIQUES.

Dans ce qui précède, nous n'avons guère étudié que les conflits que soulève la diversité des législations sur les formes nécessaires à la constitution même de l'acte juridique. Nous devons maintenant examiner et résoudre les conflits que provoque la diversité des législations relativement au mode de constatation des actes juridiques. Nous n'avons plus à nous demander à quelles conditions de formes est subordonnée l'existence juridique de l'acte : l'acte est légalement formé, nous le supposons. Il s'agit uniquement ici de déterminer sous quelles conditions on peut en fournir la preuve, comment on peut en établir l'existence devant les tribunaux.

____

(1) Fœlix et Demangeat, t. II, p. 222.

On peut ranger sous trois groupes les divers moyens de preuve admissibles d'après la loi française : 1° preuve par écrit ; — 2° preuve par témoins ; — 3° preuve par présomptions.

1. PREUVE PAR ÉCRIT. — Il importe de distinguer deux hypothèses, suivant que les parties intéressées représentent un acte authentique ou qu'elles représentent simplement un acte sous seing privé.

1° *Acte authentique.* — Par acte authentique, il faut entendre l'écrit rédigé par une personne légalement investie de cette fonction, ou reçu devant une personne chargée de présider à sa rédaction, et qu'on peut désigner du nom générique d'officier public. A consulter les législations des divers pays, on constate qu'elles varient beaucoup sur les conditions auxquelles est assujettie la forme des actes authentiques. Dans certains pays, c'est à des officiers publics spéciaux, appelés notaires, que le législateur reconnaît le droit de conférer aux actes le caractère authentique (France, Belgique, Hollande, Angleterre, etc.) : dans d'autres, au contraire, en Prusse par exemple, où la juridiction gracieuse et la juridiction contentieuse sont encore confondues, les actes authentiques sont reçus par les tribunaux. Les législations varient aussi beaucoup relativement à d'autres conditions concernant la forme de l'acte. C'est ainsi, par exemple, qu'elles déterminent différemment le nombre et la qualité des témoins, qu'elles ne règlent pas de même les mentions que doit contenir l'acte, et qu'elles n'attachent pas enfin à l'acte authentique le même degré de force probante (1). Comment résoudre les nom-

(1) Fœlix et Demangeat, t. I, p. 440 et suiv.

breux conflits que cette diversité de législations est susceptible de soulever? Il y a longtemps que tout le monde est
d'accord pour les trancher en appliquant à la forme instrumentaire des actes authentiques la règle « locus regit actum ». C'est même en notre hypothèse que cette règle s'est
fait accepter tout d'abord, et c'est là d'ailleurs, il faut le
dire, que les plus puissantes considérations d'intérêt pratique en imposaient l'admission. Assujettir les parties à
suivre en pays étranger, en matière d'actes authentiques,
les formes prescrites par leur loi personnelle, ce serait les
mettre très souvent, pour ne pas dire toujours, dans l'impossibilité de se réserver une preuve de cette nature. L'écrit authentique est, en effet, dressé par un officier public auquel
la loi confère ce droit, et à qui les parties sont obligées de
s'adresser. Or, cet officier public devra, pour la rédaction
de l'acte, respecter les formalités imposées par la loi dont
il est le représentant; il n'a qualité, pour donner à l'acte
un caractère authentique, que sous la réserve de l'observation rigoureuse de ces formalités locales; il ne peut pas
s'en départir, même pour se conformer à la loi personnelle
des parties, et, s'il s'avisait de le faire, il perdrait dans
l'espèce sa compétence spéciale d'officier public et ne con-
férerait pas à l'acte l'authenticité. Ces idées suffisent à la
fois pour justifier l'application de la règle « locus... » en
notre matière et déterminer son caractère impératif.

De ce qui précède, on déduit les conséquennces suivantes :

1° L'acte, rédigé sur le territoire français, ne fera foi devant nos tribunaux, à titre d'acte authentique, qu'autant
qu'il sera conforme aux prescriptions de la loi française,
quelle que soit la nationalité des parties intéressées, et
quelle que soit la situation des biens objet de l'acte juridique constaté par écrit. Les tribunaux français devront

de même consulter exclusivement la loi française pour apprécier la force probante de l'acte. L'acte serait irrégulier s'il n'était pas revêtu des formes exigées par la loi locale, alors même qu'il réunirait toutes les conditions requises par la loi personnelle des parties. C'est ainsi que nos tribunaux ne devraient pas considérer comme authentique l'écrit dressé devant témoins en France par un étranger, bien que, d'après la loi nationale de ce dernier, cette simple formalité suffît pour conférer aux actes l'authenticité.

2° Les tribunaux français, pour déterminer si tel écrit passé dans un pays étranger a le caractère authentique et apprécier alors sa valeur probante, devront se référer uniquement à la loi du lieu dans lequel il est intervenu. La loi locale, nous le répétons, est seule compétente pour déterminer les formes dont l'officier public doit revêtir l'acte qu'il reçoit; elle est aussi naturellement seule compétente pour régler l'autorité qu'il lui peut conférer. Ainsi, les tribunaux français devront considérer, comme ayant force authentique en France, les actes dressés devant les tribunaux dans un pays étranger où ce sont les tribunaux qui confèrent aux actes le caractère authentique. Nos tribunaux devront reconnaître le même caractère à l'écrit rédigé devant témoins dans un pays où cette simple formalité suffit pour établir l'authenticité des actes.

Il convient d'ailleurs ici de placer une observation d'une grande importance. Il ne faut pas se méprendre sur la portée du caractère impératif qu'on doit attribuer à la règle « locus... ». Les consuls et les chanceliers des consulats, nommés par le gouvernement français, sont compétents pour recevoir à l'étranger les actes qui n'intéressent que leurs nationaux (art. 48, Cod. civ.; et Ord. des 23 et 26 oct. 1833). Ils sont considérés comme officiers publics

français, et pourront, sous la réserve indiquée, recevoir
les actes authentiques. Ils devront alors les rédiger dans
les formes qu'impose la loi française. Les actes, dressés
dans ces conditions à l'étranger, auront en France la même
force probante que s'ils avaient été rédigés en France. La
plupart des gouvernements attribuent de même à leurs
agents consulaires qualité pour recevoir à l'étranger les
actes authentiques. En l'absence de tout traité diplomatique, les consuls étrangers ne devront être considérés
comme compétents que pour les actes intéressant uniquement les nationaux des pays qui les accréditent. C'est la
compétence de droit commun que la loi française accorde
à ses consuls: elle ne saurait reconnaître aux consuls
étrangers une compétence plus étendue. C'est ainsi, par
exemple, que des actes intéressant des Anglais et reçus
soit en France, soit ailleurs, par un consul anglais, seront
reconnus par nos tribunaux, qui devront apprécier leur
valeur probante d'après les lois anglaises.

De nombreuses conventions diplomatiques, destinées à
régler les attributions respectives des consuls, ont été signées entre la France et des nations étrangères, et ont
étendu ratione personæ la compétence normale des consuls. C'est ainsi qu'en vertu de la Convention diplomatique conclue, le 1er avril 1874, entre la France et la Russie, les consuls généraux, consuls et leurs chanceliers,
ainsi que les vice-consuls et agents consulaires des deux
pays, sont autorisés à recevoir, comme notaires et d'après
les lois de leurs pays, « tous actes passés entre un ou plusieurs de leurs nationaux et d'autres personnes du pays
dans lequel ils résident, et même les actes passés entre les
sujets de ce dernier pays seulement, pourvu que ces actes
se rapportent exclusivement à des biens situés ou à des
affaires à traiter sur le territoire de la nation à laquelle ap-

partient le consul ou l'agent devant lequel ces actes seront
passés (art. 9, al. n° 2). L'article 9, alinéa 4 de la même
Convention porte que « tous les actes ci-dessus mentionnés... auront, dans chacun des deux pays la même force et
valeur que s'ils avaient été passés devant un notaire ou
autres officiers publics compétents dans l'un ou dans l'autre des deux Etats » (1). — La Convention de 1874 n'a fait
d'ailleurs que reproduire les dispositions contenues dans
les Conventions signées par la France : avec l'Espagne,
7 janvier 1862 (art. 19, al. 3); — avec l'Italie, 26 juillet 1862
(art. 8, al. 3); — avec le Portugal (11 juillet 1866 (art. 7,
al. 1) (2). Deux Conventions postérieures conclues par la
France, l'une avec la Grèce, 7 janvier 1876 (art. 10, al. 2),
l'autre avec le Salvador, 5 juin 1878 (art. 10, al. 2), renferment des dispositions identiques (3).

. 2° *Acte sous seing privé.* — Par écrit sous seing privé,
l'on entend celui que les parties intéressées rédigent elles-
mêmes, sans l'intervention officielle d'aucun représentant
de l'autorité publique.

La loi française ne prescrit, en règle générale, en dehors
de la signature, aucune forme spéciale pour la validité des
écrits sous seing privé. Mais il y a quelques exceptions.
Ainsi, la force probante des actes sous seing privé constatant soit une convention synallagmatique, soit une promesse de payer une somme d'argent, ou bien encore con-
tenant une confirmation, est subordonnée par le Code à
l'observation de formalités spéciales (art. 1325, 1326, 1338,

_____

(1) Sirey. Lois annotées, année 1874, p. 555,

(2) Sirey. Lois annotées, année 1862, p. 21; année 1862, p. 93; année
1867, p. 186.

(3) Journ. M. Clunet, année 1878, p. 632, et année 1879, p. 583.

1er alinéa). D'autres législations exigent des formalités différentes, plus simples généralement, dit M. Laurent, que celles du droit français ; d'autres, enfin, n'en exigent aucune (1). Un conflit pourra donc s'élever, soit qu'un Français fasse à l'étranger, soit qu'un étranger dresse en France, ou dans tout autre pays que le sien, un acte sous seing privé. Faut-il trancher le conflit en appliquant aux formes des écrits privés l'adage « locus... », qui, de l'avis unanime, règle les formalités instrumentaires des actes authentiques ?

Le Code civil ne contient aucune disposition qui résolve, soit directement, soit indirectement, la question. Si nous consultons, d'autre part, les précédents historiques, nous constatons, comme nous l'avons déjà dit, que la jurisprudence est muette et que les auteurs sont divisés. En l'absence d'une tradition constante et précise, et dans le silence du Code, c'est le rôle de la doctrine et de la jurisprudence de fixer la solution,

Pour justifier l'application aux actes sous seing privé de l'adage traditionnel, on ne peut plus invoquer la nécessité qui l'impose, quand il s'agit des actes authentiques. En effet, serait-on tenté de répondre au premier abord, il n'intervient plus ici d'officier public ; ce sont les parties elles-mêmes qui rédigent l'écrit, et il leur est loisible, en quelque endroit qu'elles se trouvent, de respecter les formes prescrites par leur loi personnelle. Rien n'empêche, par exemple, deux Français, en Allemagne, d'observer, lorsqu'ils font un contrat synallagmatique, la formalité du double écrit requise par l'art. 1325 du Code civil. Cette considération a suffi pour entraîner certains auteurs et les décider à repousser en notre matière l'application de la

______

(1) Laurent. Dr. civ. intern., t. II, p. 421-428.

règle « locus... » (1). C'est une doctrine que nous ne saurions accepter. Le système de l'application de la loi personnelle soulèverait, en effet, de trop grandes complications lorque les parties seraient de nationalité différente. A quelle loi se référer pour déterminer les formes de l'écrit? Faudra-t-il consulter la loi du débiteur ou bien celle du créancier, la plus restrictive ou la plus large, ou les appliquer cumulativement toutes les deux? Abstraction faite de ces difficultés, on peut appuyer de raisons sérieuses l'application de l'adage dans notre hypothèse. Contraindre les parties à remplir les formalités prescrites par leur loi personnelle, ce serait les exposer dans bien des cas à rédiger un acte irrégulier. Les parties sont peu versées, en général, dans la connaissance du droit, et, en fait, pour rédiger leurs actes, elles ne se contentent guère de leur expérience personnelle dont elles se méfient. Elles consulteront donc habituellement un homme d'affaires, et celui-ci, qui ne connaît guère que la pratique légale de son pays, rédigera lui-même ou fera rédiger l'acte conformément à la loi locale. Dénier tout effet à l'acte rédigé dans ces conditions, ne serait-ce pas ménager aux parties d'injustes surprises? C'est en se fondant sur ces considérations que la plupart des auteurs appliquent la règle « locus... » à la forme des écrits sous seing privé (2).

Mais quel caractère faut-il alors attribuer à la règle? Doit-on, de même que dans son application aux actes authentiques, la considérer comme impérative? Nous conve-

____

(1) Delvincourt. C. Code civ., t. I. p. 38; Ducaurroy, Bonnier et Roustain, comm. théor. et prat., C. civ., t. I, p. 15.

(2) Merlin. Répert. Testam., sect. 2, § 4; Fœlix et Demangeat, t. I, p. 176; Aubry et Rau, t. I, § 31, p. 111; Laurent, dr. civ. intern., t. II, p. 428 et t. VIII, p. 62.

nons qu'on peut de prime abord hésiter à répondre affirmativement. On pourrait prétendre, en effet, pour motiver
une application simplement facultative, que la rédaction des
écrits privés ne dépend en rien de l'intervention d'une autorité territoriale, que les parties, dressant elles-mêmes l'acte,
transportent partout avec elles la faculté de le rédiger dans
les formes de leur loi personnelle, qu'on les autorise, par
pure faveur, à suivre les formalités de la loi locale, mais
qu'on ne saurait leur en imposer, à peine de nullité, l'observation rigoureuse. Toutefois, nous inclinons fortement à
croire qu'il faut encore ici reconnaître à la règle un caractère
impératif. Les formes extrinsèques ont, en effet, pour but
de garantir la libre expression de la volonté des parties
qui dressent l'acte, en les mettant à l'abri de toute influence illégitime. Or, le législateur de chaque pays, con-
naissant mieux ses nationaux, a qualité, mieux que tout
autre, pour déterminer quelles mesures il doit prendre.
Lorsque des étrangers se trouvent dans le milieu social
pour lequel le législateur a prescrit certaines mesures de
défiance, ils sont intéressés, et doivent, dans une bonne
justice, être assujettis au respect des formalités locales.
D'ailleurs, et cette considération nous paraît péremptoire,
si l'on permet aux parties de rédiger l'écrit dans les formes
de leur loi personnelle, l'acte fera foi sans doute dans le
pays des parties ; mais fera-t-il également foi dans le lieu
de rédaction ? Les tribunaux de ce pays pourront fort bien
ne lui reconnaître aucune créance. L'application facultative de l'adage « locus... » serait donc de nature à maintenir le conflit que la règle a précisément pour but de
résoudre (1).

(1) Laurent. Dr. civ. intern., t. II, p. 428, et t. VIII, p. 62. Contrà, art.
anonyme (Journ. M. Clunet, 1880, p. 381).

De ces idées résultent les conséquences suivantes :

1° Les tribunaux français, pour apprécier la validité d'un acte sous seing privé dressé dans un pays étranger, devront consulter la loi du lieu de rédaction. C'est ainsi qu'ils devront considérer comme valable en France, malgré l'omission du bon pour, un billet souscrit par un Français en Angleterre, et constatant une dette de somme d'argent, parce que la mention du bon pour n'est pas exigée par les lois anglaises. De même, un contrat synallagmatique, passé par deux Français en Allemagne, sera reconnu comme valable en la forme devant nos tribunaux, malgré l'inobservation de la formalité du double, formalité que ne prescrit pas le droit commun allemand (1).

2° C'est exclusivement à la loi du lieu de rédaction, que les tribunaux français devront se référer pour juger de la validité des actes sous seing privé. Les écrits privés dressés en France par des Anglais ou par des Allemands, par exemple, ne feront foi devant nos tribunaux, qu'autant qu'ils seront revêtus des formalités requises par les articles 1325 et 1326 du Code civil, bien que la loi personnelle des parties ne prescrive pas de telles formalités.

C'est ici le lieu de placer une observation importante. Les formes des écrits qui constituent la preuve des actes juridiques sont soumises, nous venons de le voir, aux lois du pays dans lequel ces écrits sont intervenus. Il y a donc, dans toutes les contestations relatives à la régularité des actes, une question préalable à résoudre. Il faut en effet établir d'abord dans quel pays l'acte a été réellement rédigé (2). Les règles générales sur la preuve trouveront ici

_____

(1) C. cass., 18 août 1856 (D. P., 1857, 1. 39) ; C. cass , 25 nov. 1879 (D. P., 1880, 1. 56).

(2) Pardessus. Droit commerc., t. IV, p. 243 ; Fœlix et Demangeat, t. I, p, 161.

leur application. Celui qui invoquera l'acte devra naturellement prouver qu'il a été dressé dans un pays étranger et
dans les formes régulières de ce pays. Cette preuve, pour
les actes publics rédigés à l'étranger dans les formes étrangères, résultera de la formalité administrative de la légalisation. Il faut entendre par là la déclaration faite par un
fonctionnaire public, ayant pouvoir à cet effet, de la vérité
de l'acte expédié en pays étranger. La légalisation est donnée
par les consuls français, accrédités près du pays étranger
dans lequel l'acte a été rédigé. La signature du consul
doit elle-même être légalisée par le ministre des affaires
étrangères français ou par le fonctionnaire public qu'il
aura délégué (Ordonnance, 25 oct. 1833, art. 6-10). Ce
n'est que sous la condition préalable de la légalisation
faite dans les termes indiqués que les actes publics, rédigés
à l'étranger, pourront être produits devant les tribunaux
français.

A la différence des actes publics, il n'est pas absolument
nécessaire que les actes sous seing privé soient légalisés
quand ils ont été dressés en pays étranger. Cependant, si
les parties sont prudentes et veulent écarter un débat
préalable sur le lieu d'origine de l'acte, elles sont intéressées à faire légaliser l'écrit sous seing privé. L'ordonnance de 1833 leur en réserve d'ailleurs le moyen. Elles
doivent d'abord faire viser l'acte par les autorités locales ;
le consul français ne peut pas alors refuser de légaliser ce
visa (25 oct. 1833, art. 8).

II. Preuve par témoins. — Les législations diffèrent
beaucoup en ce qui concerne les conditions d'admissibilité
de la preuve testimoniale. Dans le droit français (art.
1341, 1347, 1348. C. civil), la preuve testimoniale n'est en
principe recevable qu'autant que l'objet du litige n'excède

pas 150 francs. D'autres législations contiennent une disposition de même nature, mais moins restrictive (1). D'autres enfin admettent sans aucune restriction la preuve testimoniale (2). En cas de conflit entre le droit français et le droit étranger, quelle loi faut-il suivre?

Le Code civil ne répond pas à la question. D'un autre côté, nous ne pouvons pas invoquer les précédents historiques qui ne sauraient, nous l'avons vu, nous fournir aucune indication décisive. Dans un pareil état de choses, c'est le rôle de la doctrine et de la jurisprudence d'arrêter une solution équitable et pratique. On a quelquefois prétendu que, pour trancher le conflit, il fallait appliquer la lex fori, la loi du tribunal devant lequel les parties sont en instance. Mais cette opinion repose sur une confusion évidente. L'admission de la preuve et le mode de production de la preuve constituent deux questions absolument distinctes. C'est seulement pour déterminer les formes de procédure qu'on doit faire intervenir la lex fori. Si c'est, au contraire, d'après la loi personnelle des parties qu'on veut régler l'admissibilité de la preuve testimoniale, on risque, comme pour les écrits privés, de se heurter à des difficultés nombreuses, lorsque les parties seront de nationalité différente. L'application de la loi du pays où s'est formé le rapport de droit qu'on entend établir écarte toutes ces complications. Cette application est du reste conforme à l'intention présumée des parties, qui ne savent généralement pas, au moment du contrat, dans quel pays elles devront invoquer et poursuivre leur droit. Les contractants

(1) Le Code italien n'admet la preuve testimoniale que lorsque l'intérêt engagé ne dépasse pas 500 francs ; le Code des Pays-Bas fixe le taux à 100 florins (213 francs). (Fœlix et Demangeat, t, I, p. 451.)

(2) Le droit commun allemand, la loi anglaise, la loi espagnole, la loi portugaise, etc. (Fœlix et Demangeat, t. I, p. 448-452).

se réfèrent donc tacitement à la loi locale, et si cette loi,
sur laquelle ils se renseignent auprès de praticiens du
pays, les dispense de se procurer une preuve littérale, il
serait injuste de leur refuser plus tard le bénéfice d'une
preuve sur laquelle ils avaient compté. Ces diverses considérations ont déterminé la grande majorité des auteurs
et la jurisprudence à régler l'admissibilité de la preuve testimoniale par l'application de l'adage « locus... » (1).

Quant au caractère de cette application, nous sommes
d'avis qu'il faut encore ici ne pas se contenter de la considérer comme simplement facultative. En raison de la parfaite analogie des deux situations, nous renvoyons aux
explications que nous avons présentées à cet égard, à propos des actes sous seing privé. Dans les deux cas on peut
invoquer les mêmes motifs pour attribuer à la règle un
caractère impératif.

Les conséquences qui découlent de la règle, telle que nous
l'entendons, sont faciles à déduire. Elles sont d'ailleurs
analogues à celles que nous avons indiquées pour les conflits relatifs aux actes sous seing privé. C'est ainsi, par
exemple, que les tribunaux français devront déclarer recevable la preuve par témoins d'une obligation, quel qu'en
soit le chiffre, contractée par un Français en Angleterre. A
l'inverse, les tribunaux français, quand il s'agira d'un
rapport de droit né sur le territoire français, ne devront
admettre la preuve testimoniale que dans les termes du
Code civil et quelle que soit la nationalité des parties.

(1) Merlin. Répert., t. XXIV, Preuve, p. 428 et 239; Fœlix et Demangeat, t. I, p. 442 et suiv.; Aubry et Rau, t. I, p. 112; Massé, Droit
commercial, t. II, p. 42-44; Brocher, Dr. int. pr., p. 376; Laurent, Dr.
civ. int., t. VIII, p. 69-85; C. cass , 8 juin 1809 (Sirey, 1809, 1. 375);
C. cass., 23 févr. 1864 (Sirey, 1864, 1. 385); C. cass., 24 août 1880
(Sirey, 1880, 1. 413).

III. Preuve par présomptions. — Il importe de distinguer, comme le fait le Code civil, les présomptions judiciaires ou de fait (art. 1353) et les présomptions légales (art. 1349).

Relativement aux présomptions de fait, le conflit se présente absolument dans les mêmes termes que pour l'admissibilité de la preuve testimoniale : aussi convient-il de lui donner exactement la même solution. Comme nous l'avons déjà dit, les parties s'enquièrent le plus souvent en fait des dispositions de la loi locale. Elles se contenteront généralement de se réserver les moyens de preuve que reconnaît la loi du pays où l'acte juridique intervient. Si donc un étranger contracte dans un pays dont la loi permet la preuve par présomptions, on ne pourra pas lui reprocher de n'avoir pas constaté la convention par écrit, et il doit conserver partout le droit de la prouver au moyen de présomptions. Dans cette application, de même que pour la preuve testimoniale et à raison des mêmes motifs, la règle « locus.., » doit être impérative. Les conséquences qui découlent de la règle ainsi comprise sont analogues à celles que nous avons indiquées pour les conflits relatifs à la preuve testimoniale. Elles sont d'ailleurs si faciles à déduire que nous pouvons nous dispenser de les relever ici.

Quant aux présomptions légales, pour résoudre les conflits qu'elles sont de nature à soulever, on ne pourrait pas en principe et d'une manière générale leur appliquer la règle « locus...». Il faut étudier isolément chacune d'elles et régler son admissibilité par la loi qui gouverne l'élément juridique auquel elle se réfère.

TROISIÈME PARTIE

Droit étranger.

Parmi les législations étrangères, les unes consacrent l'adage « locus regit actum » par une disposition expresse et générale sur la forme extérieure des actes (1); d'autres n'en contiennent que des applications particulières (2); dans certains pays enfin dont la législation ne renferme aucun texte qui formule le principe ou qui l'applique à des cas déterminés, on s'accorde à reconnaître dans l'adage « lo-cus... » une règle de droit traditionnelle (3).

Nous allons passer rapidement en revue les applica-tions principales que le droit étranger fait de la règle « lo-

(1) Code civil italien (art. 9); Codes des cantons de Zurich (art. 6); d'Argovie (art. 10); de Soleure (art. 7); de Berne (art. 4); du Valais (art. 3); de Lucerne (art. 6); Code néerlandais (art. 10); Code civil de la Louisiane (art. 10); etc. Consulter pour les détails Anthoine de Saint-Joseph, Concordance, t. II, III, IV, et Fœlix et Demangeat, t. I, n° 85.

(2) Code général de Prusse; Code civil de Bade (art. 3); Grèce (loi du 23 février 1830), etc. Voir Anthoine de Saint-Joseph, t. II, et Fœlix et Demangeat, t. I, n° 85.

(3) Droit autrichien (Journ., M. Clunet, 1881, p. 171); droit anglais; droit commun des Etats-Unis.

cus regit actum ». Encore ne nous attacherons-nous qu'à
quelques pays seulement, ceux au sujet desquels il est actuellement possible de réunir des documents assez nombreux et assez précis pour dégager la doctrine et la
juriprusdence.

SECTION I.

BELGIQUE.

En Belgique, sauf la modification introduite par la loi
de 1851, le Code civil français de 1804 est encore en vigueur.
D'un autre côté, la jurisprudence et la doctrine y sont
d'accord pour admettre, comme principe général régle-
mentant la solution des conflits de formes, la maxime « locus... » implicitement contenue dans les articles 47, 179 et
999 du Code. Nous allons entrer dans quelques détails pour
montrer la portée qu'on lui donne et le caractère qu'on lui
reconnaît.

Mariage. — La jurisprudence a reconnu la validité d'un
mariage, contracté par des Belges devant un ministre du
culte, dans un pays étranger où le droit civil admet le mariage religieux (1). Nous ne connaissons pas de décision
judiciaire qui valide, comme le fait la jurisprudence française, en pareille hypothèse, le mariage, contracté sans
aucune solennité par des Belges, dans un pays dont la loi
n'exige aucune formalité. Mais il convient de dire que la

(1) C. Bruxelles (26 nov. 1875 (Journ., M. Clunet, 1876, p. 298); Trib.
Anvers 14 nov. 1878 (Journ., M. Clunet, 1881, p. 85).

doctrine belge accepte cette large interprétation de l'art. 170 du Code civil (1).

Donation et contrat de mariage. — L'application de l'adage « locus... » aux formalités requises pour la donation et le contrat de mariage, soulève en Belgique les mêmes controverses que dans le droit français. D'un côté, M. Laurent enseigne qu'une donation, consentie par un Belge à l'étranger, devra toutours être passée dans un acte authentique, bien que la loi étrangère n'exige pas cette formalité (art. 931. C. civ.) (2). Il enseigne de même qu'un Belge, se mariant à l'étranger, ne peut faire un contrat de mariage valable que par acte authentique (3). M. Laurent ne fait dans les deux cas intervenir l'adage « locus... » que pour apprécier les formes instrumentaires de l'acte authentique. D'un autre côté, M. Haus combat cette doctrine : il décide qu'un Belge peut valablement passer sous seing privé, dans un pays étranger, un acte qui, en Belgique, devrait être authentique, quand la loi étrangère autorise la forme privée (4). M. Picard reproduit ce système et l'approuve sans réserve (5). Sur la question de savoir quelle opinion tend à prévaloir dans la jurisprudence, nous devons être très réservé. Nous n'avons en effet pu recueillir aucune décision judiciaire sur le point qui nous occupe. Et, peut-être, est-il permis d'induire du silence de M. Laurent dans son traité de droit civil international, que la question ne s'est pas encore présentée devant les tribunaux.

(1) Laurent. Dr. civ. intern., t. IV, p. 445 et suiv.
(2) Laurent. Prin. dr. civ., t. I, p. 155.
(3) Laurent. Droit civ. internat., t. II, p. 452 et suiv., et t. VI, p. 659.
(4) Haus. Dr. privé des étrang. en Belgique, n° 84.
(5) Picard. Journ., M. Clunet, 1881, p. 466.

Hypothèque. — L'art. 2128 du Code civil écarte absolument, comme nous l'avons vu, l'application de l'adage « locus... » aux formes de la constitution d'hypothèque. Cette
disposition a été modifiée par l'art. 77,2ᵉ al. de la loi hypothécaire belge de 1851. Cet article restreint seulement la
portée de l'adage. On peut constituer une hypothèque sur
un immeuble belge par un acte fait à l'étranger : mais cet
acte doit être dressé dans la forme authentique, lors même
que la loi étrangère autoriserait la constitution d'hypothèque par acte sous seing privé. Seulement, et c'est ici
qu'intervient la règle « locus... », quand il s'agit de déterminer les formes requises pour l'authenticité, c'est la
loi locale qu'il faut consulter et non la loi belge.

Testament. — Sur l'interprétation de l'art. 999, il s'est
élevé les mêmes difficultés qu'en France.

1° S'il y a conflit entre la loi belge qui n'admet que le
testament écrit et la législation locale qui reconnaît le
testament verbal, M. Laurent (1) écarte l'application de
l'adage « locus... » et décide qu'un testament verbal fait à
l'étranger par un Belge n'aurait aucune valeur en Belgique. M. Picard (2) dit au contraire : « Les testaments
sont, quant à la forme soumis à la loi du lieu où on les a
faits... ». La généralité de cette formule implique un système contraire à la doctrine restrictive de M. Laurent.

2° En cas de conflit entre deux législations qui diffèrent
sur les conditions requises pour l'authenticité, M. Lau-

____

(1) Laurent. Dr. civ. int., t. VI, p. 670 et 682. Dans ses principes de
droit civil, t. XIII, p. 160, M. Laurent avait admis, dans notre hypothèse, l'application de la règle « locus ».

(2) Picard. Journ., M. Clunet, 1881, p. 486.

rent (1) estime qu'il faut se référer uniquement à la loi du lieu de la confection du testament. Il cite à ce propos un arrêt de la Cour de cassation de France qui a fait l'application de l'adage « locus... » en reconnaissant le caractère authentique d'un testament passé par un Français en Angleterre dans les formes anglaises, sans intervention d'un officier public, et cette décision, le savant professeur de Gand l'approuve sans réserve.

3° M. Laurent fait encore intervenir la règle « locus... » pour valider le testament fait à l'étranger par un Belge dans la forme olographe étrangère (2). Il invoque enfin l'adage traditionnel pour fonder la validité d'un testament fait en Belgique par un étranger, par un Anglais (c'est son exemple), dans la forme olographe belge (3). Il n'écarte cette dernière application que lorsque la loi nationale du testateur défend en termes formels, comme le Code hollandais, le testament olographe (4).

Actes sous seing privé. — Le principe que la loi du lieu détermine les formalités de l'acte s'applique aux écrits sous seing privé. Telle est la doctrine généralement admise en Belgique (5), et la jurisprudence l'a consacrée. Le tribunal de commerce de Bruxelles a jugé qu'un acte de nantissement, passé en pays étranger conformément à la loi étrangère, ne peut pas être annulé en Belgique, sous prétexte que les formes prescrites par le Code civil n'auraient pas été observées. La forme d'un pareil acte est réglée par

(1) Laurent. Dr. civ. int., t. VI, p. 680.
(2) Laurent. Dr. civ. int., t. VI, p. 690.
(3) Laurent. Dr. civ. int., t. VI, p. 693.
(4) Laurent. Dr. civ. int., t. VI, p. 695.
(5) Laurent. Princip. dr. civ., t. I, p. 160, et Dr. civ. int., t. II, p. 428 ; Haus, Droit privé des étrangers, n° 86.

la loi du lieu où il a été fait, d'après la maxime « locus regit actum » (1).

Preuve testimoniale. — La doctrine est d'accord, comme
en France, pour résoudre, par l'application de l'adage
« locus... », la question d'admissibilité de la preuve testimoniale (2).

SECTION II

ITALIE

Le Code civil italien de 1866 contient, dans les dispositions préliminaires, un article ainsi conçu : « Les formes
extrinsèques des actes entre-vifs et de dernière volonté
sont déterminées par la loi du lieu où ils sont faits »
(art. 7, 1er al.). C'est la consécration expresse et générale
du vieil adage « locus regit actum ».

Mariage. — L'art. 100 en fait une application spéciale
au cas de mariage contracté par des Italiens à l'étranger (3) ; et, pour l'hypothèse d'un mariage contracté par
des étrangers en Italie, la formule large de l'art. 9, 1er al.,

(1) Comm, Bruxelles, 20 mars 1843; décision rapportée par M. Picard
(Journ., M. Clunet, 1881, p. 467).

(2) Laurent. Dr. civ. int., t. VIII, p. 69-85; Haus, Droit pr. des étr.,
n° 136 ; Picard (Journ., M. Clunet, p. 476).

(3) Par application de l'art. 100, la Cour de Cassation de Turin
(29 juillet 1870) a jugé que les mariages contractés par des Italiens en
Turquie sont valables, s'ils sont conformes à la règle « locus ». Fiore,
Dr. internat. pr. appendice, p. 649.

autorise l'application de la même règle. Quel caractère faut-il reconnaître à cette application? Est-elle impérative, ou simplement facultative? Le doute peut naître de la disposition de l'art. 9; 2ᵉ al., qui permet aux parties, lorsqu'elles sont de même nationalité, de suivre les formes prescrites par leur loi personnelle. Toutefois, les termes restrictifs de l'article 100 semblent bien imposer, à peine de nullité, l'observation des formes exigées par la loi locale. Telle est du moins la solution qu'a donnée la seule décision judiciaire que nous connaissions sur le point qui nous occupe (1).

Donation et contrat de mariage. — Le Code italien requiert pour la validité de la donation et du contrat de mariage la rédaction d'un acte authentique (art. 1056, art. 1382). Cette exigence entraîne la question suivante : Faut-il appliquer la règle « locus... » pour déterminer les formalités nécessaires pour la constitution de ces actes juridiques. « L'art. 12 des dispositions générales qui précèdent le Code italien, dit M. Huc (2), tranche à cet égard toute difficulté. La question sera de savoir, lorsque la loi exige un acte authentique, si elle a un caractère prohibitif à l'égard de l'écrit sous seing privé, si elle a été rédigée dans le but d'exclure cet écrit. » Nous devons dire toutefois que la rédaction de l'art. 12 est bien vague et laisse un large champ ouvert à la discussion. Quoi qu'il en soit, on peut, sur notre hypothèse, constater dans la doctrine

(1) Le tribunal de Viterbe (10 sept. 1874) a décidé que le mariage d'un étranger en Italie, soit avec un autre étranger, soit avec un Italien, doit être célébré dans les formes de la loi italienne et non dans les formes de la loi personnelle de cet étranger (Journ., M. Clunet, 1875, p. 44).

(2) Huc et Orsier, Code civil italien, t. I, p. 21.

italienne une tendance à l'application absolue de la règle
« locus regit actum ». « Le contrat de mariage, dit
M. Fiore, par acte sous signature privée, conclu en pays
étranger, doit être valable en Italie, lorsque la loi du pays
où l'acte a été passé n'exige point la forme authentique » (1). Puis il reproduit la solution que Zachariæ donne
au sujet de la donation et qui s'inspire du même principe (2).

Testament. — La formule générale de l'art. 9 (dispos.
prélimin.), qui fait aux formes extrinsèques des actes
entre-vifs et des actes de dernière volonté l'application de
l'adage « locus… », rendait inutile un texte spécial relatif
à la forme du testament. Aussi les auteurs décident-ils
sans hésitation, que le testament fait par un Italien à
l'étranger, dans la forme locale, quelle que soit d'ailleurs
cette forme, sera toujours considéré comme valable en
Italie. « Si l'acte, dit Esperson (3), est reconnu valable là
où il est passé, comme dans le cas d'un testament nuncupatif fait en Autriche (ce testament étant admis par le
Code civil autrichien), il devra être également reconnu valable en Italie, bien que la législation italienne, aussi
bien que d'autres législations, ne reconnaisse que deux
formes de testaments, le testament olographe et le testament par acte notarié. » Dans une autre hypothèse,
M. Fiore reproduit la solution qu'enseigne la doctrine en
France, et que la jurisprudence a consacrée. « C'est,
dit-il (4), d'après la loi du pays où l'acte a été reçu qu'on

(1) Fiore. Dr. int. pr. trad. Pradier-Foderé, p. 489 et 503.
(2) Fiore. Dr. int. pr. trad. Pradier-Foderé, p. 490.
(3) Esperson. Journ. M. Clunet, 1882, p. 160.
(4) Fiore. Dr. int. pr. tr. Pradier-Foderé, p. 619.

doit déterminer si l'intervention de l'officier public est indispensable pour l'authenticité. D'où le testament fait par un Italien en Angleterre avec les formalités usitées dans ce pays pour les testaments solennels, lesquelles consistent dans la signature du testateur et celle de quatre témoins, sera considéré comme ayant le caractère de l'authenticité, bien qu'aucun officier public ne soit intervenu. » Enfin, des explications que donne le même auteur sur le caractère de l'adage « locus... », il est permis de conclure que, pour apprécier la faculté de tester dans la forme olographe, et pour réglementer les formalités auxquelles ce testament est assujetti, c'est encore la règle « locus regit actum » qu'il fait intervenir (1). Du reste, l'application de la loi locale ne s'impose pas au testateur : l'esprit, sinon les termes de l'art. 9, conduit à lui laisser la faculté de rédiger ses dernières dispositions dans les formes de sa loi nationale. « Il s'ensuit, dit M. Fiore, qu'un citoyen, en testant en pays étranger, peut accomplir les formalités requises par la loi de sa patrie. Dans ce cas, cependant, son testament serait efficace dans sa patrie seulement, et non dans les autres pays où se trouvent ses biens » (2). Il convient de remarquer, en terminant, que M. Fiore lui-même constate que tous les auteurs n'admettent pas cette restriction, que beaucoup décident que le testament valable suivant la loi du testateur doit être valable partout.

(1) Fiore. Dr. int. pr. trad. Pradier-Foderé, p. 620. Voir dans le même sens une décision formelle de la C. de cass. de Turin, 31 mai 1881, Journ. dr. int., M. Clunet, 1883, p. 84 ; C. Lucques, 23 juin 1882 (Journ. M. Clunet, 1884, p. 549).

(2) Fiore. Dr. int. pr. tr. Pradier-Foderé, p. 620.

Hypothèque. — Nous empruntons à M. Esperson le passage suivant pour montrer quelle application peut faire le droit italien de l'adage « locus... » dans la question des formes exigées pour la constitution d'hypothèque (1). « De la règle « locus regit actum, » dit le professeur de Pavie, consacrée par le législateur italien pour toutes sortes d'actes entre vifs et de dernière volonté, découle la conséquence que, si dans le lieu de la passation de l'acte, on prescrit sous peine de nullité une forme donnée, cet acte devra, s'il n'est pas revêtu de cette forme, être déclaré nul par les tribunaux italiens, bien que la législation italienne n'exige pas la même formalité. Ainsi, par exemple, les tribunaux italiens devraient statuer dans ce sens, s'il s'agissait d'une hypothèque conventionnelle établie en France par acte sous seing-privé, le Code civil disposant que l'hypothèque ne peut être établie autrement que par acte authentique, quoique le Code civil italien (art. 1978) permette la constitution d'hypothèque, même par acte sous seing privé. »

Preuve des actes. — L'article 10, 2ᵉ al. (disp. prél.) du Code civil italien est ainsi conçu : « Les moyens de preuve d'une obligation sont déterminés par la loi du lieu où l'acte a été rédigé. » Cette rédaction est peut-être un peu restrictive; mais, sans s'attacher rigoureusement à la lettre, on s'accorde à reconnaître que l'article 10 applique la règle « locus... » à la détermination générale des moyens de preuve recevables. Entendue dans ce sens large, cette disposition, conforme à la jurisprudence française, écarte à la fois les difficultés théoriques qui se sont élevées sur la question de savoir quelle loi devait régler la forme des

(1) Esperson. Journ. M. Clunet, 1882, p. 160.

actes privés et les conditions d'admission de la preuve testimoniale (1).

D'ailleurs, le droit italien, sur le point qui nous occupe,
ne rend obligatoire l'application de la règle « locus... »
qu'autant que les parties sont de nationalité différente.
Quand elles appartiennent toutes à la même nationalité,
les parties jouissent de la faculté de suivre les formes requises par leur loi personnelle (art. 9, 2° al., disp. prél.).
« Par exemple, dit M. Esperson (2), serait valable une
lettre de change émise ou endossée en Italie par un Allemand en faveur d'un autre Allemand, quand même elle ne
contiendrait pas la mention de la valeur reçue. En effet,
si cette mention est nécessaire aux termes du Code de commerce italien, il en est autrement aux termes de la loi allemande sur la lettre de change, conforme en cela au droit
anglo-américain. »

SECTION III.

ALLEMAGNE.

Parmi les législations diverses qui régissent l'Allemagne,
plusieurs édictent, dans des dispositions plus ou moins
générales, la règle « locus regit actum. »

Le Code bavarois porte : « En ce qui concerne la simple
solennité d'un acte entre vifs ou à cause de mort, on ap-

---

(1) La Cour de Naples (30 mars 1866) a fait une application de l'art. 10,
en reconnaissant la force probante d'un billet non revêtu du bon pour
et rédigé dans un pays où il n'est pas exigé. V. Fiore, dr. int. pri., tr.
Pradier-Foderé, append., p. 694; Esperson (Journ. M. Clunet, 1884,
p. 175).

(2) Esperson. Journ. M. Clunet, 1882, p. 161.

préciera et on jugera d'après les lois du lieu où il a été passé (1). »

Le Code de Saxe, de 1863, décide (art. 9) : « La forme exigée pour les actes juridiques se juge d'après les lois du pays où ils sont faits. Il suffit cependant d'observer les lois du lieu où l'acte doit avoir sa réalisation. »

Le Code général de Prusse ne formule le principe qu'à l'égard des contrats : « La forme d'un contrat sera jugée d'après les lois du lieu où il a été passé (2). »

Le Code civil de Bade (art. 3) ne fait l'application expresse de l'adage « locus... » qu'à la forme des actes passés par des étrangers dans le duché de Bade (3).

Enfin, de nombreuses conventions diplomatiques, conclues par la Prusse avec divers États allemands et par d'autres États allemands entre eux, renferment la disposition suivante : « Tous actes entre-vifs et à cause de mort seront, en ce qui concerne leur validité quant à la forme, appréciés selon la loi du lieu où ils ont été passés (4). »

Cet ensemble de dispositions ne fait d'ailleurs que consacrer une règle de droit commun reconnue depuis longtemps en Allemagne (5).

Il nous faut maintenant chercher à préciser quel est, dans le droit allemand, le domaine d'application de l'adage « locus... » et quel caractère la doctrine et la jurisprudence tendent à lui attribuer.

(1) Fœlix et Demangeat, t. I, p. 189.
(2) Fœlix et Demangeat, t. I, p. 187.
(3) Anthoine de Saint-Joseph, t. II, p. 30.
(4) Fœlix et Demangeat, t. I, p. 54.
(5) Dès le seizième siècle. au témoignage de Mynsinger et de Gail, qui siégèrent à la Chambre impériale, il était de jurisprudence constante dans cette cour d'appliquer la lex loci actùs à la forme des testaments. Fœlix, t. I, p. 167.

Mariage. — La loi générale de l'empire (6 fév. 1875) sur les actes de l'état civil ne prévoit pas le conflit des législations en ce qui concerne le mariage des étrangers en Allemagne et le mariage des Allemands en pays étranger. Il n'y a guère en Allemagne que la loi du grand duché de Bade (9 déc. 1875) qui formule, dans un texte spécial (art. 24), l'application de la règle « locus... » aux formalités de la célébration du mariage. Elle n'a fait que consacrer la solution que la doctrine et la jurisprudence s'accordaient à donner sur la question (1). Du reste, les jurisconsultes allemands considèrent généralement cette application comme facultative. « Si l'on considère, dit Savigny, que cette règle spéciale est faite pour favoriser les parties et faciliter les transactions civiles, on ne saurait douter qu'elle soit purement facultative, et que l'on ne puisse choisir l'une ou l'autre forme. Lorsque les habitants d'un pays où le mariage devant l'Eglise est obligatoire, se trouvant dans un pays où le mariage civil est seul exigé, se marient devant l'Eglise sans observer les formalités du mariage civil, leur mariage est valable comme fait suivant la forme établie dans leur patrie. » Le savant auteur termine en citant un arrêt du tribunal suprême de Dresde (21 juin 1845) qui consacre cette opinion (2).

Contrats. — L'application de l'adage « locus... » aux formes extrinsèques des contrats dépend, d'après le Code prussien, d'une distinction fondamentale. Si le contrat est relatif à des immeubles, on écarte la règle « locus... ; » les formes sont régies par la lex rei sitæ. C'est au cas seule-

(1) Savigny. Syst. dr. r., trad. Guenoux, t. VIII, p. 351.
(2) Savigny. Syst. dr. rom., trad. Guenoux, t. VIII, p. 359.

ment où le contrat se réfère à des meubles que la règle
« locus... » reçoit son application.

Savigny n'accepte cette distinction que parce qu'elle est
fondée sur des dispositions formelles de la législation : en
l'absence d'un texte positif, il serait partisan de l'application
générale de l'adage « locus... » pour la réglementation
de la forme extérieure des contrats (1). Du reste, restreinte
ou générale, cette application ne se présente aux yeux des
jurisconsultes allemands qu'avec un caractère purement
facultatif. Dans la doctrine allemande, la règle « locus... »
n'a été introduite que pour faciliter les contrats en tout
pays : en permettant aux parties de suivre les formalités
reçues par la loi locale, on leur accorde une faveur, on
n'entend pas leur imposer une obligation (2). C'est le système consacré par une disposition expresse (art. 9) du Code
civil de Saxe de 1863 : « La forme exigée pour les actes juridiques se juge d'après les lois du pays où ils sont faits.
Il suffit cependant d'observer les lois du lieu où l'acte doit
avoir sa réalisation. »

Preuve. — En Allemagne, l'application de l'adage
« locus... » aux formes des écrits privés constatant des
contrats relatifs à des meubles ne soulève aucune controverse. La généralité du principe, tel qu'il est formulé par
le Code prussien et le Code de Saxe, est de nature à prévenir à cet égard toute difficulté (3).

Dans le droit allemand, faut-il aussi consulter la lex
loci actûs pour déterminer les conditions d'admission de
la preuve testimoniale ? Mittermaïer écarte la règle

(1) Savigny. Syst. dr. rom., t. VIII, p. 349 et 350.
(2) Savigny. Syst. dr. rom., trad. Guenoux. t. VIII, p. 354.
(3) Savigny, eodem., t. VIII, p. 350 et 351.

« locus... » et se prononce pour la lex fori. Mais cette opinion, dit Laurent (1), est restée à peu près isolée. Savigny ne s'est pas préoccupé spécialement de cette question ; mais une note du savant jurisconsulte nous autorise à croire que dans ce cas encore, et avec la limitation résultant de la distinction entre les contrats relatifs aux meubles et les contrats relatifs aux immeubles, la doctrine allemande admet l'application de l'adage « locus regit actum » (2).

Testament. — Le droit commun allemand, après de longues controverses sur la portée de l'adage, applique aux formes du testament la règle « locus... » sans distinguer si le testateur dispose de meubles ou d'immeubles (3). C'est d'ailleurs la disposition formelle du Code bavarois (Part. 1, ch. 2, § 17) ; c'est aussi celle du Code badois qui reproduit textuellement l'art. 999 du Code civil français (4). Le Code prussien est muet sur la question. Quelques auteurs s'étaient autorisés de ce silence pour écarter, en matière de testaments, l'adage « locus... ». Savigny combat cette opinion. D'après lui, le silence du Code prussien s'explique par l'autorité d'une règle traditionnelle que le législateur pouvait se dispenser d'édicter en termes formels. Et le jurisconsulte invoque à l'appui de sa doctrine les nombreux traités conclus entre la Prusse et les différents États allemands et reconnaissant expressément l'application de la règle « locus... » à la forme des testaments (5).

(1) Laurent. Dr. civ. int., t. VIII, p. 81.

(2) Savigny. Syst. dr. rom., trad. Guenoux, t. VIII, p. 350, note *e*.

(3) Bar. Das intern. privat., p. 394, cité d'après M. Duguit. Des conflits de législat., p. 195.

(4) Anthoine de Saint-Joseph, t. II.

(5) Savigny. Syst. dr. rom., trad. Guenoux, t. VIII, p. 360 et suiv.

Enfin, c'est encore la tendance bien accusée de la doctrine allemande d'attribuer, en notre matière, à la règle « locus... » un caractère purement facultatif. « Ainsi donc, dit Savigny, quand un habitant d'un pays régi par le droit romain veut faire son testament à Paris, il peut employer l'une des formes établies par le droit français : mais il peut aussi faire son testament en présence de sept témoins. Dans ce dernier cas, son testament sera valable dans sa patrie. » C'est, ajoute-t-il, le système généralement admis (1).

SECTION IV.

ANGLETERRE ; — ÉTATS-UNIS.

Nous pouvons réunir dans la même section ce qui concerne l'Angleterre et les États-Unis de l'Amérique du Nord. Dans les deux pays, les solutions que donne, en notre matière, la jurisprudence d'accord avec la doctrine, s'inspirent généralement des mêmes principes.

Mariage. — Story (2), sans distinguer entre la forme et le fond, pose le principe suivant : « La validité d'un mariage entre personnes sui juris doit se régler d'après la loi du pays où il a été contracté. Si cette union est régulière en ce pays, elle est valable partout ; nulle en ce pays, elle est également nulle en tout autre. » Et ce principe, ajoute le savant juge, a reçu la plus ferme sanction dans les cours d'Angleterre et d'Amérique. En écartant la question de fond,

(1) Savigny. Syst. dr. rom., tr. Guenoux, t. VIII, p. 354.
(2) Story. Conflict of laws, § 113, p. 68, 6e édit., et § 79, p. 85.

il est facile de dégager du langage de Story la loi qui, dans
le système anglo-américain, doit régir les formalités du
mariage. Du reste, chez un auteur anglais récent, nous trouvons, spécifiée dans une formule précise, l'application de
l'adage « locus... » à la forme du mariage. Les formalités,
dit Westlake (1), requises pour la célébration d'un mariage par la lex loci actûs sont indispensables, mais elles
suffisent. » Story (2) n'écarte pas cette application, lors
même que, de toute évidence, les parties ne sont allées à
l'étranger que pour se soustraire aux prescriptions de leur
loi nationale. C'est la doctrine admise par les Cours d'A-
mérique (3). En Angleterre, où la question s'est souvent
présentée, la même décision a prévalu. Sous le règne de
Georges II, un acte du Parlement assujettit en Angleterre
le mariage à certaines formalités. Mais les dispositions de
ce statut n'étaient pas applicables à l'Ecosse, et là le mariage n'exigeait toujours que le simple consentement.
Aussi, tous ceux qui rencontraient en Angleterre des
obstacles à la célébration de leur mariage se rendaient-ils
à Gretna-Green, le premier village de la frontière écos-
saise, pour échanger leurs consentements devant un for-
geron qui jouait le rôle de témoin. Après quelque discussion, et malgré les doutes de lord Mansfield, dit Story (4),
la jurisprudence anglaise reconnut la validité des mariages
ainsi contractés. Il convient de remarquer, d'ailleurs, que
ces unions, célèbres sous le nom de mariages écossais,
sont tombées en désuétude sous l'influence de deux causes ;

---

(1) Westlake. La doctrine anglaise (Journ. M. Clunet, 1881, p. 312) ;
C. d'appel New-York, 6 mars 1883 (Journ., 1884, p. 423).

(2) Story. Conflict of laws, § 123, p. 189.

(3) Kent. Commentaries upon., t. II, p. 93.

(4) Story. Conflict of laws, § 123, a, p. 190.

l'introduction d'une part du mariage devant le registrar
avec toutes les facilités imaginables, même avec dispense
de publications, et d'autre part la disposition restrictive
de l'acte de lord Brougham. L'art. 1 de cette loi (31 déc.
1856) décide que tout mariage irrégulier, conclu en Ecosse,
doit être déclaré nul à moins que l'un des conjoints n'ait
eu sa résidence ordinaire en Ecosse, ou n'y ait vécu les
vingt et un jours qui ont précédé le mariage (1).

La tendance du droit anglo-américain est d'attribuer à
la règle « locus..... », dans son application aux formes du
mariage, un caractère impératif (2). C'est la doctrine qui
ressort manifestement du passage de Story que nous avons
cité plus haut; c'est aussi la doctrine que Westlake, comme
nous l'avons vu, formule en termes précis. Le publiciste
américain Lawrence, dans son commentaire sur Wheaton,
professe le même système (3), et voici le résumé qu'en
donne Wharton (4) : « L'union de citoyens américains
domiciliés aux Etats-Unis, dans un état étranger dont la
législation déclare que certaines solennités sont de l'essence du mariage, est nulle si elle a été contractée sans
l'accomplissement de ces formalités. Et le mariage est nul
non seulement dans le pays où le mariage a été contracté,
mais encore partout ailleurs, même dans le pays auquel les
parties appartiennent, aux États-Unis, bien que la validité
du mariage ne fût pas contestable d'après la loi améri-
caine. »

---

(1) Wheaton. Elements of international law, p. 125; Glasson. Hist.
des institutions de l'Angleterre, t. VIII, p. 168.

(2) La Cour de Chancellerie (4 déc. 1874) a annulé le mariage d'un sujet
britannique et d'une arménienne, parce que les formalités de la loi du
pays n'avaient pas été remplies (Journ. M. Clunet, 1875, p. 27).

(3) Lawrence. Comment. sur Wheaton, t. III, p. 370.

(4) Wharton. (Journ. M. Clunet, 1879, p. 511.

Le juge anglais Phillimore semble partisan de l'opinion
contraire (1) ; il se réfère à Savigny, puis il rappelle un
passage de lord Stowell dont il invoque l'autorité. Seulement il est bon de faire observer que les paroles de lord
Stowell, loin de consacrer le caractère facultatif de la règle « locus..... » dans son application aux formalités du
mariage, impliquent plutôt la reconnaissance générale de
son caractère impératif (2).

Contrats. — Ici, le droit anglo-américain se rapproche
beaucoup du droit allemand. Pour déterminer la sphère
d'application de la règle « locus... », il fait une distinction
identique à celle qu'établit le Code prussien. Si le contrat
a pour objet des valeurs mobilières, les formes en seront
régies conformément à l'adage « locus... ». Si le contrat
porte sur des immeubles, les formalités extérieures sont
soumises à la lex rei sitæ (3).

Quel caractère attribue-t-on généralement à la règle
« locus... » dans l'application restreinte qu'en fait le droit
anglo-américain à la forme des contrats ? La doctrine ne
nous semble pas absolument fixée sur ce point. Westlake (4) reconnaît à la règle un caractère impératif. « Pour
les formalités extérieures d'un contrat, dit-il, il est à la
fois suffisant et nécessaire de satisfaire à la lex loci contractus celebrati. » C'est aussi le sentiment de Wheaton :

(1) Phillimore. Commentaries upon international law, p. 311.

(2) Kass, secrétaire d'état, admet aussi le caractère impératif de la
règle « locus ». V. circulaire (12 nov. 1860) dans Lawrence, comm. sur
Wheaton, t. III, p. 369. Contrà : Wharton (Journ. M. Clunet, 1879, p. 510
et suiv.) ; Cour de Washington (Journ. M. Clunet, 1874, p. 214).

(3) Story. Conflict of laws, § 372, 5, p. 507 ; § 363-365, a, p. 486, § 435,
p. 583 ; Phillimore, Commentaries, p. 495 ; Lawrence. Commentaire sur
Wheaton, t. III, p. 74 et suiv.

(4) Westlake (Journ. M. Clunet, 1882, p. 11).

« C'est la loi du pays où le contrat est passé qui doit régler la forme externe du contrat. C'est elle qui détermine si si l'on doit rédiger un écrit simple ou scellé, s'il faut requérir l'intervention d'un notaire ou d'un autre officier public, et si la présence de témoins est nécessaire. L'omission des formalités requises rend le contrat nul ab initio; nul en vertu de la loi locale, il ne saurait produire d'effet dans aucun autre État » (1). Tel le serait aussi, s'il faut en croire le témoignage de Phillimore, la tendance de la jurisprudence en Angleterre et aux Etats-Unis. « Aucun acte, dit le juge anglais, passé dans un pays étranger, n'est tenu pour valable par les tribunaux de ces États qu'autant qu'il a été passé suivant les formalités prescrites par la loi de ce pays étranger » (2). La doctrine personnelle de Phillimore est différente ; c'est la reproduction du système de Savigny. « Le véritable critérium pour décider si la règle « locus... » est impérative ou facultative, c'est d'examiner si elle a pour objet de favoriser, d'aider les parties et de faciliter leurs actes; s'il en est ainsi, on admet généralement que la règle est facultative et laisse aux parties la faculté d'adopter les formes du lieu dans lequel l'acte doit se réaliser (3).

Testaments. — Pendant longtemps le droit anglais écarta d'une manière absolue l'application de la règle « locus... » à la forme des testaments.

Lorsque le testament portait sur des meubles, la jurisprudence anglaise exigeait qu'il fût revêtu des formes

(1) Wheaton. Elements of international law, p. 194.

(2) Phillimore. Commentaries upon, p. 505.

(3) Phillimore. Commentaries upon international law, p. 496; Lawrence. Comment, sur Wheaton, t. III, p. 267.

prescrites par la loi du domicile qu'avait le testateur au moment de sa mort (1). Les nombreux inconvénients qu'entraînait ce système provoquèrent de vives réclamations (2). Le Parlement anglais s'en émut, et pour y mettre un terme, rendît, sous l'influence de lord Kingdown, un acte important connu sous le nom de lord Kingdown's Act (6 août 1861).

Voici les dispositions principales de cet acte. Section 1 : « Tout testament fait en dehors du Royaume-Uni par un sujet britannique sera, quant aux biens mobiliers, valide et capable d'être homologué, quel que soit le domicile du testateur, au temps où il a fait le testament ou au temps de sa mort, pourvu qu'il soit dressé d'après les formalités prescrites par la loi du lieu où il a été fait ou du lieu où le testateur était domicilié au moment de la confection du testament, ou par les lois en vigueur dans la partie des possessions de Sa Majesté où il avait son domicile d'origine. » — Section 2 : « Tout testament fait dans le Royaume-Uni par un sujet britannique (quel que soit le domicile du testateur au temps où il a fait le testament, ou au temps de sa mort) sera, quant aux biens mobiliers, considéré comme valable et capable d'être homologué, pourvu qu'il soit fait d'après les formalités requises par les lois en vigueur dans la partie du Royaume-Uni où le testament est fait. » (3).

L'acte de 1861 consacre ainsi la règle « locus... » en ce qui concerne la forme des testaments portant sur des va-

(1) Story. Conflict of laws, § 465, p. 619 ; Lawrence. Comment. sur Wheaton, t. III, p. 121 ; Westlake (Journ. M. Clunet, 1881, p. 319).

(2) Phillimore. Comment., p. 676 et 677, note.

(3) Phillimore. Comment. p. 677 ; Lawrence. Comment. sur Wheaton, t. III, p. 121 ; Westlake (Journ. M. Clunet, 1881, p. 319).

leurs mobilières ; il ne lui reconnaît d'ailleurs, dans cette application, comme il est facile de s'en rendre compte, qu'un caractère purement facultatif.

Lorsque le testament porte sur des immeubles, il faut, d'après le droit anglais, observer les formes prescrites par la lex rei sitæ (1). Lawrence formule la règle en ces termes : « Tout testament fait dans un pays étranger doit être soumis aux formalités requises par les lois de l'État où les immeubles sont situés., » (2). En dépit des graves inconvénients résultant d'un pareil système, la doctrine anglaise semble encore trop pénétrée de l'idée féodale de la territorialité des lois, pour faire à brève échéance une évolution dans le sens de la jurisprudence continentale et reconnaître, d'une manière générale, l'application de l'adage « locus... » à la forme des testaments.

Les États-Unis sont restés attachés à l'ancienne doctrine anglaise. Un testament portant sur des meubles n'est reconnu valable aux États-Unis que s'il a été passé dans la forme requise par la loi du domicile que le testateur avait au moment du décès (3). Quant au testament, par lequel on dispose de biens fonciers, la forme en est exclusivement régie par la lex rei sitæ (4). Lawrence ne signale qu'une exception. Dans l'État d'Indiana, dit-il, un testament, fait et homologué dans un autre État d'après les lois de ce

______

(1) Story. Conflict of laws, § 474, p. 627.

(2) Lawrence. Comment., t. III, p. 75 ; Wheaton. Elements of international law, p. 107 ; Westlake (Journ. M. Clunet, 1882, p. 8).

(3) Story. Conflict of laws, § 465, p. 619 ; Lawrence. Comment. sur Wheaton, t. III, p. 123.

(4) Story. Conflict of laws, § 474, p. 627 ; Lawrence. Comment. sur Wheaton, t. III, p. 75 et 123 ; Wheaton. Eléments, p. 107.

dernier État, transmettra des terres situées dans l'Indiana (1).
Sauf cette exception, le droit américain, sans distinguer
entre les meubles et les immeubles, exclut, comme on le
voit, toute application de l'adage « locus... » à la forme des
testaments.

(1) Lawrence. Comment. sur Wheaton, t. III, p. 75.

POSITIONS PRISES DANS LE SUJET DE LA THÈSE

DROIT ROMAIN.

I. — Ce n'est pas à la détermination plus ou moins précise de l'objet dû, qu'il faut s'attacher pour distinguer les actions stricti juris des actions bonæ fidei, mais à la source juridique de l'obligation (page 25).

II. — Une véritable novation n'est point nécessaire pour entraîner la déchéance du droit de demander la separatio bonorum (page 47).

III. — La separatio bonorum devait avoir pour résultat la vente séparée des patrimoines du de cujus et de l'héritier (page 48).

IV. — Il y a antinomie entre les lois 1, § 17, et 5, de separationibus, au Digeste, d'une part, et la loi 3, § 2, du même titre d'autre part (page 52).

DROIT CIVIL INTERNATIONAL.

I. — L'admissibilité des moyens de preuve requis pour établir la filiation, soit légitime, soit naturelle, dépend uniquement de la loi du pays où s'est produit le fait de la naissance (page 168).

II. — Le contrat de mariage fait à l'étranger n'est soumis ni à la loi de 1850 ni à l'article 67 du Code de commerce (page 165).

III. — Les consuls français peuvent recevoir en tout pays, et conformément à l'ordonnance de 1681, les testaments de leurs nationaux (page 49).

POSITIONS PRISES EN DEHORS DE LA THÈSE

DROIT ROMAIN.

I. — L'idée que l'on formule ainsi : « dies interpellat pro homine », ne constitue pas une règle romaine.

II.— Lorsqu'il y a chose jugée, aucune obligation, même naturelle, ne subsiste à la charge du débiteur injustement absous.

III. — La prescription de la dette ne laisse pas subsister d'obligation naturelle.

DROIT CIVIL FRANÇAIS.

I. — Le droit conféré par l'article 1017 du Code civil aux légataires est une hypothèque qui ne se confond pas avec la faculté qu'ils ont d'invoquer la séparation des patrimoines.

II. — La séparation des patrimoines ne donne pas aux créanciers héréditaires qui l'invoquent un droit de suite sur les immeubles de la succession.

III. — L'acceptation sous bénéfice d'inventaire faite par l'héritier n'empêche pas les créanciers héréditaires d'avoir un intérêt sérieux à prendre l'inscription mentionnée par l'article 2111 du Code civil.

IV.— La séparation des patrimoines ne fait pas obstacle à la division des dettes du défunt.

V. — La séparation des patrimoines n'est jamais opposable entre créanciers du défunt ; elle ne peut donner aux uns un droit de préférence pour écarter les autres.

DROIT CIVIL INTERNATIONAL.

Pour déterminer à quelles conditions est soumise la prescription extinctive d'une obligation, il faut consulter la loi du pays dans lequel est intervenu le fait générateur de l'obligation.

DROIT COMMERCIAL.

I. — Les créanciers personnels des associés ne peuvent pas invoquer la nullité de la société, pour défaut de publicité, à l'encontre des créanciers sociaux.

II. — Il est question dans l'article 576 du Code de commerce d'une résolution de la vente et non pas simplement d'une revendication de la possession.

DROIT PÉNAL.

I. — Un étranger, jugé dans son pays, à raison d'une infraction à la loi pénale par lui commise en France, peut être poursuivi pour le même fait devant les tribunaux français.

II. — Lorsqu'un crime commis par un Français dans un pays étranger se trouve prescrit selon la loi de ce pays, aucune poursuite n'est possible en France.

Vu par le président de la thèse,
E. LABBÉ.

Vu par le Doyen,
    Ch. BEUDANT.

Vu et permis d'imprimer,
le vice-recteur de l'Académie de Paris,
GRÉARD.

www.ingramcontent.com/pod-product-compliance
Ingram Content Group UK Ltd.
Pitfield, Milton Keynes, MK11 3LW, UK
UKHW022335090726
13658UKWH00001B/290